O QUE APRENDI COM MEU CARTEIRO SOBRE O TRABALHO E A VIDA

Mark Sanborn

O QUE APRENDI COM MEU CARTEIRO SOBRE O TRABALHO E A VIDA

SEXTANTE

Título original: *The Fred Factor*

Publicado em acordo com a Doubleday Broadway Publishing Group,
uma divisão da Random House, Inc.

tradução: Claudio Figueiredo
preparo de originais: Valéria Inez Prest
revisão: Luis Américo Costa, Sérgio Bellinello Soares e Tereza da Rocha
projeto gráfico e diagramação: Marcia Raed
capa: Miriam Lerner
pré-impressão: ô de casa
impressão e acabamento: Geográfica e Editora Ltda.

CIP-BRASIL. CATALOGAÇÃO-NA-FONTE
SINDICATO NACIONAL DOS EDITORES DE LIVROS, RJ

S189o

Sanborn, Mark
O que aprendi com meu carteiro sobre o trabalho e a vida / Mark Sanborn; tradução de Cláudio Figueiredo. – Rio de Janeiro: Sextante, 2007.
Tradução de: The Fred factor
ISBN 978-85-7542-260-1

1. Sucesso. 2. Desempenho. 3. Relações humanas. 4. Criatividade. I. Título.

CDD 158
06-3716 CDU 159.947

Rua Voluntários da Pátria, 45 – Gr. 1.404 – Botafogo
22270-000 – Rio de Janeiro – RJ
Tel.: (21) 2286-9944 – Fax: (21) 2286-9244
E-mail: atendimento@esextante.com.br
www.sextante.com.br

Aos meus filhos, Hunter e Jack – eu me orgulho de ser o pai de vocês.

À minha mulher, Darla – ser seu marido é uma verdadeira bênção.

sumário

Apresentação

Volta e meia descobrimos um livro que nos entusiasma de tal modo que logo começamos a pensar numa lista de pessoas que se beneficiariam profundamente com sua leitura.

Essa foi minha reação ao ler *O que aprendi com meu carteiro sobre o trabalho e a vida.*

Este livro pequeno e fascinante, baseado numa história real, transmite uma poderosa mensagem que dará novo ânimo à sua atitude em relação ao trabalho e à vida. Vamos encarar os fatos: se um homem chamado Fred, que trabalha como carteiro do Correio dos Estados Unidos, é capaz de oferecer aos usuários do seu serviço um atendimento de qualidade excepcional, imagine quantas oportunidades de ajudar as pessoas eu e você temos à nossa espera – sem falar na profunda satisfação pessoal que vamos alcançar ao longo desse processo.

Se eu tivesse que pensar numa relação de pessoas que se beneficiariam com esta leitura, incluiria:

- Meus colaboradores e parceiros de negócios – assim aprenderiam o segredo que está por trás do ato de atender melhor os clientes.

- Líderes e profissionais em cargos de gerência – assim veriam como motivar uma organização inteira a buscar níveis de excelência sem precedentes.
- Os membros da minha família – assim saberiam quanto podem ganhar demonstrando uma admiração sincera por aqueles a quem amam.
- Universitários – assim encontrariam lições incríveis, não ensinadas nas salas de aula, sobre como alcançar metas importantes para toda a vida.
- Todos aqueles que desejam transformar momentos banais da vida em experiências extraordinárias.

Há quatro princípios básicos que definem a mensagem deste livro. Não vou revelar quais são eles para não estragar seu prazer de descobrir por conta própria. Mas prometo que, se você levar a sério os conselhos de Mark Sanborn e começar a adotar "o jeito Fred de viver", jamais voltará a ver a si próprio com os mesmos olhos – passará a ter um entendimento muito diferente da sua importância para os outros e para o mundo. E isso não apenas vai mudar para melhor sua própria esfera de influência como lhe dará condições de ajudar outras pessoas a adquirir um pouco mais do Estilo Fred.

Talvez aquilo de que eu mais goste neste livro seja o fato de ele não conter somente uma parábola sobre como melhorar a vida – por mais valor que esse tipo de narrativa fictícia possa ter. O que o torna especial é o fato de contar uma história *real.* Além do próprio Fred, ele nos apresenta outras pessoas reais que são capazes de mudar o mundo à sua volta em ambientes tão diferentes quanto um consultório médico, um restaurante e o interior de um avião.

Eu o estimulo a fazer algo especial para outros e para si mesmo – incorpore o Estilo Fred à sua vida.

– John C. Maxwell

PARTE 1

O que é o Estilo Fred?

UM

O primeiro Fred

Faça de cada dia uma obra-prima.
– JOSHUA WOODEN

Tive meu primeiro encontro com Fred logo após comprar o que chamei de uma "nova" casa velha. Construída em 1928, ela foi a primeira residência que adquiri na vida. Ficava em Washington Park, uma bela área de Denver, toda arborizada. Poucos dias depois de me mudar para lá, ouvi alguém batendo na porta da frente. Quando abri, vi um carteiro de pé na varanda.

– Bom dia, Sr. Sanborn! – ele me cumprimentou alegremente. – Meu nome é Fred. Sou seu carteiro. Só parei para me apresentar e também para lhe dar as boas-vindas e saber um pouco sobre o senhor e sobre sua profissão.

Fred era um homem de aparência comum, de altura mediana e tinha um pequeno bigode. Ainda que seus traços físicos não transmitissem nada de extraordinário, sua sinceridade e cordialidade eram evidentes.

Fiquei um pouco perplexo. Como a maioria das pessoas, recebi minha correspondência durante anos sem que jamais tivesse ocorrido a oportunidade de um encontro pessoal com o carteiro. Aquilo me causou uma boa impressão, foi um gesto simpático.

– Sou um conferencista profissional. Na verdade, não tenho exatamente um "emprego" – respondi num tom de brincadeira.

– Se o senhor é um conferencista profissional, deve viajar muito – disse Fred.

– É verdade. Passo mais ou menos 160 a 200 dias por ano viajando.

Balançando a cabeça, Fred prosseguiu:

– Bem, se o senhor me der uma cópia da sua programação, posso guardar sua correspondência para entregá-la toda de uma vez. Só virei deixar as cartas aqui nos dias em que o senhor estiver em casa para recebê-las.

Fiquei espantado com a oferta de Fred e com a preocupação que ela expressava, mas lhe disse que aquele esforço extra provavelmente não seria necessário.

– Por que você não coloca simplesmente a correspondência na caixa de correio ao lado da casa? – sugeri. – Eu pego as cartas quando voltar à cidade.

Fred franziu a testa e balançou a cabeça.

– Sr. Sanborn, os ladrões costumam ficar de olho nas casas onde a correspondência vai sendo empilhada. Isso indica que o proprietário está fora da cidade. Sua residência pode acabar sofrendo um arrombamento.

Fred estava mais preocupado do que eu com minha correspondência. Mas suas palavras faziam sentido, ele era um carteiro profissional.

– Tenho uma sugestão – prosseguiu. – Vou colocar as cartas na sua caixa até que ela esteja quase cheia. Assim, ninguém saberá que o senhor está viajando. O que não couber ali posso deixar no vão entre a porta com tela e a porta da frente. Ninguém vai olhar nesse lugar. E, se esse local também ficar abarrotado, eu guardo o resto da correspondência comigo até o senhor voltar.

Àquela altura eu já estava me perguntando: será que este cara realmente trabalha para o Correio dos Estados Unidos? Talvez este bairro tenha seu próprio serviço privado de entrega postal. Mesmo assim, como as sugestões de Fred pareciam ótimas, concordei com elas.

Duas semanas depois, cheguei em casa após uma viagem. Ao colocar a chave na fechadura, percebi que o pequeno tapete da porta havia desaparecido. Será que os ladrões estavam agora surrupiando os capachos de Denver? Então o vi num canto da varanda, escondendo alguma coisa. Levantei-o e encontrei um bilhete. De quem mais poderia ser? De Fred, é claro. Ao ler seu recado, tomei conhecimento do que tinha acontecido. Na minha ausência, outro serviço de entrega postal havia cometido um erro: um pacote enviado para mim acabou sendo deixado na porta de outra pessoa, umas cinco casas adiante, na mesma rua. Vendo meu embrulho no endereço errado, Fred o apanhou, o levou até à minha casa e tentou fazer com que ficasse menos visível, cobrindo-o discretamente com o tapete da porta.

Fred não estava apenas entregando minha correspondência, ele agora estava cobrindo o furo que a UPS tinha deixado.

Seu procedimento me causou uma forte impressão. Como conferencista profissional, procuro me manter particularmente atento para perceber e apontar o que há de "errado" no atendimento ao cliente e nos negócios de um modo geral. Encontrar exemplos do que está "certo" ou mesmo do que seja digno de elogios é algo bem mais difícil. Ainda assim, ali estava meu carteiro, Fred, dando um exemplo perfeito do que deve ser um serviço personalizado e um modelo ideal para qualquer pessoa que queira fazer a diferença com seu trabalho.

Comecei a usar minhas experiências com Fred como exemplos nas conferências e nos seminários que realizava pelos Estados Unidos. Todos queriam saber mais sobre ele. Os participantes sempre se mostravam fascinados, não importava se trabalhavam no setor de serviços, numa indústria, numa empresa de tecnologia ou na área de planos de saúde.

Quando eu estava em casa, de vez em quando tinha a oportunidade de compartilhar com Fred o fato de que a sua maneira de trabalhar estava servindo de inspiração a outras pessoas. Eu lhe contei a história de uma colaboradora que se sentia desestimulada por não receber nenhum tipo de reconhecimento por parte dos seus empregadores. Ela me escreveu dizendo que o exemplo de Fred a tinha ajudado a "seguir em frente" e continuar a fazer o que no seu íntimo sabia ser a coisa certa, independentemente de receber ou não reconhecimento.

Contei a Fred sobre o desabafo de um gerente que me chamou num canto depois de uma conferência para me dizer que ele nunca tinha percebido que a meta que havia perseguido ao longo de toda a sua carreira era tornar-se um Fred. Esse homem acreditava que excelência e qualidade deveriam ser objetivos de todas as pessoas em qualquer negócio ou profissão.

Fiquei encantado em poder contar ao meu carteiro que muitas empresas tinham criado o Prêmio Fred para homenagear os colaboradores que demonstrassem o mesmo espírito que ele em termos de servir, inovar e se empenhar.

Um dos fãs de Fred chegou a lhe enviar, por meu intermédio, uma caixa de biscoitos caseiros.

No primeiro Natal depois que Fred se tornou meu carteiro, quis lhe agradecer de modo mais formal pelo serviço excepcional que vinha me prestando. Deixei um pequeno presente para ele na minha caixa de correio. No dia seguinte, encontrei ali uma carta nada convencional. Embora o envelope contivesse um selo, não estava carimbado. Foi quando vi o nome do remetente: Fred, o Carteiro.

Fred sabia que seria ilegal colocar uma correspondência sem carimbo na minha caixa de correio. Assim, embora ele tenha levado a carta pessoalmente da sua casa até à minha, fez a coisa certa ao colar um selo no envelope.

Abri a carta, que dizia, entre outras coisas: "Caro Sr. Sanborn, obrigado por se lembrar de mim neste Natal. Eu me sinto lisonjeado pelo fato de o senhor falar a meu respeito nas suas palestras e nos seus seminários. Espero poder continuar a oferecer um serviço excepcional. Cordialmente, Fred, o Carteiro."

Ao longo dos 10 anos seguintes, Fred continuou a me prestar um atendimento notável. Eu sempre sabia dizer em quais dias ele estava trabalhando na minha rua pelo jeito como a correspondência era colocada na caixa. Quando Fred estava de serviço por ali, as cartas e os envelopes ficavam bem organizados.

Mas não foi só isso. Ele também desenvolveu um interesse pessoal por mim. Certo dia, eu estava cortando a grama do jardim quando um veículo parou na rua. O motorista abaixou um pouco a janela e uma voz familiar gritou: "Oi, Sr. Sanborn! Como foi de viagem?"

Era Fred, *de folga*, passando de carro pelas redondezas.

Depois de observar suas atitudes e ações exemplares, concluí que Fred, pelo modo como realizava seu trabalho, oferecia uma perfeita metáfora de uma alta realização e excelência individuais no século XXI. Fred – assim como os muitos outros Freds que encontrei ou por quem fui atendido nas mais diferentes áreas – me inspirou a escrever este livro, retratando lições simples, porém profundas, que todos eles me ensinaram.

Qualquer pessoa pode ser um Fred. Isso inclui você! O resultado não será apenas um empenho e um sucesso extraordinário no seu trabalho. Você vai passar também a viver de uma maneira espetacular.

DOIS

Os princípios Fred

Seja lá o que você fizer, seja bom nisso.
– ABRAHAM LINCOLN

A verdade é algo que podemos transmitir aos outros. É por esse motivo que menciono repetidas vezes neste livro algumas idéias centrais que definem a essência do Estilo Fred. Elas se aplicam à vida e ao trabalho. A seguir, apresento uma síntese dos quatro princípios que aprendi com Fred, o Carteiro e que podem ser utilizados por qualquer pessoa, em qualquer profissão, em qualquer situação, a qualquer hora.

Princípio 1: Cada um de nós pode fazer a diferença

Não importa quanto uma empresa seja grande ou mesmo ineficiente. Ainda assim, uma pessoa é capaz de fazer a diferença. *Você* tem condições de realizar isso. Uma organização medíocre pode atrapalhar o desempenho excepcional dos seus colaboradores, optar por ignorá-lo e não reconhecê-lo nem encorajá-lo da maneira adequada. Por outro lado, uma excelente organização pode treinar sua equipe para que ela alcance um desempenho magnífico e depois recompensá-la. Em última análise, porém, apenas o colaborador pode decidir executar seu trabalho de modo extraordinário, sejam quais forem as circunstâncias.

Pense nisto: você acrescenta algo às experiências dos seus clientes e colegas ou subtrai algo delas? Faz com que sua organização se aproxime ou se distancie das suas metas? Executa suas tarefas de uma maneira comum ou de um modo extraordinário? Alivia o fardo dos outros ou os sobrecarrega? Levanta o astral das pessoas ou as joga para baixo?

Ninguém pode impedi-lo de decidir ter um desempenho excepcional. No fim das contas, a única questão realmente importante é: que tipo de diferença sua contribuição faz?

Baseando-se nos seus muitos anos de experiência, Fred Smith, autor e líder de destaque no mundo dos negócios, observou o seguinte: "A maioria das pessoas nutre uma paixão pela importância."

Eu concordo. Basta pensar no exemplo de Fred, o Carteiro. Enquanto outros poderiam considerar o trabalho de entregar cartas uma atividade tediosa, Fred identificou nessa ocupação a oportunidade de tornar mais prazerosa a vida dos usuários do seu serviço. Ele optou por fazer uma diferença positiva.

Martin Luther King disse: "Se um homem foi convocado para ser um gari, ele deveria varrer as ruas do modo como Michelangelo esculpia, ou como Beethoven compunha música, ou como Shakespeare escrevia poesia. Ele deveria fazer isso tão bem que todas as criaturas do céu e da Terra parassem e dissessem: 'Aqui viveu um grande varredor de rua que fazia seu trabalho muito bem.'"

Fred, o Carteiro compreendeu isso. Ele é a prova viva de que não existem ocupações insignificantes nem banais quando o trabalho é executado por pessoas extraordinárias.

Os políticos gostam de afirmar que o trabalho nos dá dignidade. Também penso assim. Ter os meios para ganhar nosso sustento e o da nossa família é fundamental. Mas essa é apenas metade da equação. O que precisamos ouvir mais vezes é que as pessoas dão dignidade ao trabalho. *Não existem trabalhos sem importância, só pessoas que não se sentem importantes executando seu trabalho.* Foi por isso, provavelmente, que B. C. Forbes, o fundador da revista *Forbes*, disse: "Há mais motivo de orgulho e satisfação em ser um motorista de caminhão de primeira qualidade do que em ser um executivo de quinta categoria."

Já encontrei taxistas que mostram mais entusiasmo e inspiração por sua atividade do que alguns diretores de empresa de alto nível, que parecem ter perdido toda a motivação para alcançar novos níveis de excelência. Ainda que a posição que ocupamos nunca determine por si só nosso desempenho, em última instância é o desempenho que estabelece nossa posição na vida. Isso ocorre porque a posição tem como base os resultados, e não as intenções. Na verdade, trata-se efetivamente de executar algo e não apenas de falar a respeito, como muitas pessoas fazem.

Estabelecer um padrão superior é um desafio maior do que simplesmente alcançar uma posição. Resistir às críticas daqueles que se sentem ameaçados pelo que estamos realizando é algo que não depende do nosso título, mas da nossa atitude. Por fim, quanto mais úteis formos aos outros – quanto mais alto for nosso valor no trabalho e na interação com as pessoas –, maiores serão os benefícios que colheremos. Dar o melhor de nós, independentemente do apoio e do reconhecimento ou da recompensa que estejamos ou não recebendo, é o fator decisivo para termos uma carreira plenamente gratificante.

Princípio 2: Os relacionamentos são a base do sucesso

Ao longo da minha vida, a maior parte da correspondência que recebi foi parar na minha caixa de correio. Esse serviço foi prestado pelo Correio dos Estados Unidos, que me deu – nem mais nem menos – exatamente aquilo pelo que meus selos pagavam.

A qualidade do serviço que recebi de Fred, o Carteiro, porém, foi muito superior. Isso ocorreu por razões diversas, e a principal delas foi meu relacionamento com ele – totalmente diferente de qualquer relação que mantive, antes ou depois, com profissionais de outros serviços de entrega postal. Na realidade, Fred foi o único carteiro com quem estabeleci uma ligação pessoal.

É fácil entender por que ele se destacou em meio a tantos outros profissionais da sua área. Pessoas indiferentes prestam um serviço indiferente. O serviço torna-se personalizado quando existe um relacionamento entre quem o oferece e o usuário. Fred deu-se ao trabalho de me conhecer e de compreender minhas necessidades e preferências. Depois, usou essas informações para me fornecer um atendimento melhor do que eu jamais recebera. Você tem capacidade de fazer isso?

Fred é a prova viva de que, em qualquer trabalho ou negócio, construir relacionamentos é o objetivo mais importante porque a qualidade das relações pessoais determina a qualidade do produto e do serviço. É também por isso que:

- os líderes têm sucesso quando reconhecem que seus colaboradores são seres humanos;
- a tecnologia tem sucesso quando reconhece que seus usuários são seres humanos;
- colaboradores como Fred, o Carteiro têm sucesso quando reconhecem que seu trabalho requer uma interação com seres humanos.

Princípio 3: Esteja sempre agregando valor para os outros – e para isso não é necessário gastar um centavo

Alguma vez você já reclamou do fato de não possuir dinheiro suficiente? De não dispor do treinamento necessário? De não ter as oportunidades certas? Em outras palavras, você acredita que lhe faltam recursos para levar seu desempenho a um patamar mais elevado?

Então pense no caso de Fred. Quando ele era meu carteiro, que recursos estavam à sua disposição? Um uniforme azul desbotado e um saco cheio de cartas. Só isso. Ainda assim, ele andava para cima e para baixo naquelas ruas com o coração e a mente atentos às muitas possibilidades à sua frente. Usando a imaginação, conseguia agregar valor para as pessoas – e sem gastar um centavo a mais. Ele apenas pensava mais intensamente e com maior criatividade do que seus colegas de profissão.

Dessa forma, Fred aprendeu a dominar a mais importante habilidade do trabalho no século XXI: a capacidade de agregar valor para clientes/consumidores/usuários sem gastar mais para fazer isso.

Você também pode substituir o dinheiro pela imaginação. O objetivo é superar a concorrência usando mais criatividade, e não mais recursos financeiros.

Conheço muitas pessoas que se preocupam com a possibilidade de perderem seus postos de trabalho por causa dos constantes "enxugamentos" na folha de pagamento das empresas. Sempre as aconselho a não se perturbar com isso. Elas ficam chocadas com minha aparente indiferença. Na verdade, meu objetivo é fazer com que mudem o foco: que parem de pensar na sua condição atual de colaboradores contratados e passem a ver a si mesmas como "empregáveis", isto é, como profissionais que possuem as qualificações necessárias para serem admitidos pelas empresas.

No cenário econômico da atualidade, um indivíduo com formação técnica ou de nível superior sabe que pode ficar sem trabalho algumas vezes ao longo da carreira. Mas esses períodos de inatividade serão breves desde que ele esteja capacitado para uma contratação. Isto é, contanto que possua um conjunto de habilidades que o tornem um profissional que qualquer empresa deseje ter em seus quadros, independentemente do setor econômico ou da área geográfica em que atue.

E como seria esse conjunto de habilidades? Muitos fatores contribuem para a empregabilidade, mas estou convencido de que a capacidade fundamental é a de agregar valor para clientes e colegas sem gastar dinheiro para isso. O truque está em substituir os recursos financeiros pela imaginação, em trocar o capital pela criatividade.

Costumo dizer que, quanto mais rapidamente tentamos resolver um problema usando o dinheiro, menor a probabilidade de aquela ser a melhor solução. Com recursos financeiros, qualquer pessoa pode comprar uma saída para uma situação difícil. O verdadeiro desafio em relação à concorrência está em vencer a corrida da criatividade, e não a dos gastos.

No mundo dos negócios, a competição está dentro ou fora da organização, e às vezes nesses dois lados. Por exemplo, você pode estar competindo por uma posição melhor no seu departamento ou na sua empresa. Ainda que um certo decoro profissional o impeça de descrever a cena deste modo, sua expectativa é de que o homem ou a mulher com a melhor capacitação para aquele cargo consiga o lugar, e você está se empenhando para mostrar que é essa pessoa.

Ou pode ser o caso de haver um concorrente no mercado. Certa vez, ao falar numa conferência patrocinada por um serviço de entrega postal que considera o Correio dos Estados Unidos um concorrente, fui proibido de mencionar a figura de Fred como exemplo. (Achei estranho que uma empresa não me permitisse citar o desempenho de Fred para ilustrar um tipo de trabalho que ela almejava e que encorajava todos os seus colaboradores a realizar. Mas esse é um assunto para outro livro.) Como a companhia de Fred compete por receita com outros serviços alternativos de entrega postal, ele ou ajuda ou atrapalha a causa defendida por sua organização. A maior parte das companhias admite que Fred é o tipo de profissional que lhes daria uma vantagem sobre a concorrência.

Mas não estou muito certo de que Fred pensa sobre a competição segundo o ponto de vista tradicional. Provavelmente, seu caso é mais uma prova da existência de outro concorrente menos visível: *o trabalho que poderíamos ter feito*. A verdade é que, todos os dias, competimos com nosso próprio potencial. E a maioria de nós fica aquém do que seria capaz de fazer ou ser.

Talvez eu jamais compreenda o que exatamente motiva Fred,

mas suspeito de que o sentido de realização que ele extrai da qualidade extraordinária que imprime ao seu trabalho seja um grande fator, assim como a alegria que, com regularidade, proporciona aos usuários do seu serviço.

Ao fim de cada dia, Fred derrota um rival silencioso que ameaça seu potencial, da mesma forma que ameaça o de todos nós. Estou me referindo à mediocridade, que é a vontade de fazermos apenas o mínimo exigido para nos livrarmos de algo.

Ainda que esse concorrente possa não derrotá-lo na obtenção de uma promoção ou na conquista de uma fatia do mercado, a mediocridade certamente fará com que a qualidade do seu desempenho e o significado que você extrai dela diminuam.

Princípio 4: Reinvente-se continuamente

Vamos pensar: se Fred conseguiu injetar tamanha dose de originalidade na tarefa de guardar correspondência numa caixa de correio, quantas características inovadoras eu e você seríamos capazes de imprimir àquilo que fazemos? Como podemos nos reinventar e renovar nosso trabalho?

Há dias em que acordamos cansados. Sabemos que lemos os livros, ouvimos as fitas, vimos os vídeos e participamos das sessões de treinamento. Embora estejamos fazendo todo o possível para alcançar algum tipo de excelência pessoal, continuamos a nos sentir sem energia e desmotivados. Quando nossa vida está passando por uma fase ruim, quando nosso compromisso profissional está balançando e tudo o que desejamos é cumprir o horário e ir para casa no fim do expediente, como devemos agir?

Veja o que eu faço: penso no cara que costumava entregar minha correspondência. Afinal, se Fred, o Carteiro foi capaz de acrescentar esse tipo de criatividade e de empenho à tarefa de colocar envelopes numa caixa de correio, posso fazer a mesma coisa ou muito mais para reinventar meu trabalho e revitalizar meus esforços. Acredito que a cada manhã acordamos e começamos do zero, seja qual for nossa atividade profissional, a área em que atuamos e o lugar onde moramos. Você pode transformar seu trabalho, assim como sua vida, naquilo que quiser.

É isso que chamo de Estilo Fred.

TRÊS

Encontrando Freds

Há um momento especial que acontece na vida
de toda pessoa, o momento para o qual ela nasceu.
Quando aproveitada, essa oportunidade extraordinária
faz com que a pessoa cumpra sua missão – uma missão para
a qual somente ela tem as qualificações necessárias.
Nesse momento, a pessoa encontra a grandeza.
Esse é seu mais maravilhoso instante.
– WINSTON CHURCHILL

Agora que já expliquei as qualidades típicas de um Fred, você compreenderá melhor o que me faz gostar de descobrir Freds aonde quer que eu vá.

Adoro café e raramente começo meu dia sem essa bebida. Certa manhã, quando estava dirigindo para o Aeroporto Internacional de Denver, parei no caminho para comprar minha versão preferida – um café tamanho família (uma xícara realmente grande e fumegante).

De volta à auto-estrada interestadual, percebi que havia me metido numa enrascada: como eu precisava de uma das mãos para passar a marcha e da outra para controlar o volante, coloquei o café no espaço entre os bancos dianteiros até que pudesse acelerar e passar para a marcha apropriada. Qual era a probabilidade de aquele café derramar?

Bastante alta, na verdade. De repente, uma mancha escura e quente começou a se espalhar pela minha perna direita, do joelho até o quadril. E eu estava usando um jeans azul-claro. No banheiro do aeroporto, tentei disfarçar um pouco o estrago na minha calça utilizando uma esponja e depois o secador de mãos, sem muito sucesso.

Assim que me registrei no hotel do aeroporto de Atlanta, chamei o atendimento. "Esta calça jeans manchada de café é a única que tenho para vestir na viagem de volta para casa", expliquei à supervisora. "Existe alguma possibilidade de que ela seja lavada de hoje para amanhã?"

Com uma voz que demonstrava simpatia, ela me informou que o hotel não contava com serviço de lavanderia para os hóspedes. Além disso, o pessoal que cuidava da roupa de cama estava de folga. Mas ela disse que ficaria feliz em levar minha calça para casa, lavá-la e trazê-la de volta no dia seguinte bem cedo.

Sentindo-me agradecido por sua gentileza, aceitei a oferta.

Na manhã seguinte, aquela mulher fantástica deixou na minha porta a calça lavada e passada.

Lamento até hoje não ter anotado o nome dessa pessoa (ainda que tenha enviado ao hotel uma carta muito elogiosa a seu respeito). De qualquer forma, sei como chamá-la: ela é um Fred.

Desde que conheci Fred, o Carteiro compreendi que muitos Freds – assim como Freds em potencial – estão por toda parte.

Todos eles me deixam com a convicção de que pessoas com esse perfil não são tão difíceis de encontrar quanto eu pensava. E cada um deles é um ser plenamente peculiar. Vou citar alguns tipos de Freds que conheci.

Um Fred engraçado

Os passageiros do vôo que parte às seis e quinze da manhã de Denver para São Francisco não são muito animados. Por experiência própria, sei que não costuma acontecer nada de muito palpitante nessas ocasiões, a não ser roncos ocasionais. É claro que isso pode mudar, dependendo das aeromoças e dos comissários.

Num desses vôos, os passageiros foram brindados com alguns avisos nada convencionais feitos por uma aeromoça espirituosa e criativa.

"Se estiverem encontrando dificuldade para fazer com que seus ouvidos voltem ao normal, tentem bocejar", ela começou. "Se tiverem dificuldade de bocejar, me procurem – eu posso contar a vocês como vai minha vida amorosa.

"Estamos nos preparando para aterrissar no aeroporto de São Francisco. Se forem ficar aqui, espero que consigam chegar em casa sem problemas. Há um engarrafamento na rodovia principal e um carro quebrado na saída para a avenida mais movimentada da cidade. Tirando isso, o tráfego parece estar fluindo bem."

Àquela altura os passageiros normalmente sonolentos estavam despertando. Ouviram-se risadas por todo o avião. Depois que as rodas tocaram na pista, a aeromoça ainda deu um bis.

"A menos que a pessoa ao seu lado já tenha feito isso, deixem que eu seja a primeira a lhes dar as boas-vindas em sua chegada a

São Francisco. Vocês vão perceber que os edifícios do aeroporto estão um pouco distantes. Não aterrissamos diretamente no terminal porque isso sempre apavora o pessoal que está lá dentro. Por isso pousamos aqui fora. Isso quer dizer que vamos taxiar na pista, então, por favor, não se levantem até que o avião pare completamente e o sinal de tirar os cintos esteja aceso.

"Meu último desejo é que, ao deixarem o avião, saiam com um grande sorriso no rosto. Assim o pessoal lá fora vai ficar curioso para saber o que nós da United fazemos com vocês lá nas alturas."

O que esse Fred fez? Assumiu alguns riscos e se divertiu. O resultado foi que os passageiros – ou melhor, seus "clientes" – também se divertiram.

Um Fred prestativo

Jack Foy trabalha como gerente no turno da noite num hotel em Worthington, Ohio. Certa noite, véspera do Dia dos Pais, uma mulher cujo marido estava hospedado lá telefonou para fazer um pedido incomum. Ela contou a Jack que a filha do casal queria que, no dia seguinte, o pai dela recebesse um café da manhã especial – seu favorito, com panquecas, ovos e bacon.

O único problema era que o hotel não tinha um restaurante. Então, às sete horas da manhã, ao deixar o trabalho, Jack foi de carro até um restaurante da vizinhança e comprou a refeição especial. Ele também escolheu um cartão no qual escreveu: "Para o Papai, da sua Filha." Depois dirigiu de volta ao hotel e entregou a encomenda ao hóspede, que se mostrou bastante surpreso e agradecido.

Em consideração ao gesto de gentileza de Jack, aquele homem

assinou com o hotel um contrato substancial. E dessa forma o gerente agregou valor ao seu trabalho e à empresa.

É o poder do Estilo Fred!

Um Fred generoso

Eu tinha acabado de preencher a ficha do hotel em que me hospedei em Colúmbia, Ohio, quando descobri que não tinha dinheiro vivo suficiente para pegar um táxi que me levasse de volta ao aeroporto na manhã seguinte. O atendente que estava no balcão disse que o hotel não podia me adiantar nenhuma quantia usando meu cartão de crédito. No entanto, fui informado de que alguns táxis aceitavam cartões. Mas, como minha palestra estava marcada para terminar às nove horas e eu queria pegar o vôo das nove e quarenta, tive medo de que o tempo extra de que precisaria para encontrar um daqueles táxis e preencher os papéis necessários acabasse me atrasando ainda mais.

Meus problemas não ficaram só nisso. Descobri que a chave do meu quarto não funcionava. Desci para o saguão e encontrei um telefone. O homem que estava fazendo o serviço de atendimento no bar viu que eu ia fazer uma ligação e que minha bagagem continuava comigo.

– Algum problema? – ele perguntou, apresentando-se como Nick.

– A chave do quarto está ruim. – Ele se prontificou a resolver aquele contratempo e depois ofereceu:

– Quer tomar um drinque por minha conta? Assim posso compensá-lo um pouco pelo transtorno.

Aceitei a oferta. Beberiquei algo e provei alguns tira-gostos enquanto outra chave era providenciada.

Nick foi tão prestativo que, quando recebi a nova chave, decidi compartilhar com ele minha situação constrangedora. Depois de me ouvir, ele disse que, se eu não conseguisse resolver o problema, poderia voltar a contar com sua ajuda para aquilo também. Em seguida, me informou que permaneceria no trabalho até às sete e meia da manhã do dia seguinte e perguntou:

– Posso ligar para você antes de eu deixar o hotel para saber se conseguiu o dinheiro para o táxi?

– Eu ficaria muito grato.

Finalmente, já no meu quarto, passei 40 minutos no telefone, falando com meu escritório, com meu banco e com a American Express. Nada funcionou. Eu estava tendo um daqueles dias terríveis. A gerente da minha conta bancária disse que não podia fazer nada. A American Express se prontificou a levar algum dinheiro até onde eu estava, mas o processo exigia um planejamento à altura do Dia D. Decidi recorrer novamente a Nick.

– Isto é um tanto constrangedor, Nick – eu confessei. – Já viajei por todo o mundo e, em 20 anos, só fiquei sem dinheiro duas vezes. Odeio ter que fazer esta pergunta, mas daria para você me emprestar 20 dólares?

– Não há problema nenhum! Essas coisas acontecem – ele respondeu sem hesitar. Abrindo a carteira, Nick disse: – Olha aqui, pode ficar com 30. – Tentei explicar que só precisava de 20.

– Não, nada disso. Fique com 30 – ele insistiu. – Nunca se sabe o que pode acontecer. – Trocamos endereços e prometi lhe mandar o dinheiro de volta assim que eu chegasse em casa.

Fiquei admirado com a ajuda generosa que recebi de Nick, além de muito grato por seu gesto. Um problema que não tinha sido resolvido pelo Norwest Bank, pela American Express nem pelo meu próprio escritório fora solucionado por um indivíduo prestativo que desejava ser útil.

Trinta dólares não é muito dinheiro, mas também não é uma quantia irrisória. Nick nunca havia me visto e não tinha garantias de que me encontraria ou ouviria falar de mim novamente. Ele estava ciente dos riscos envolvidos no simples gesto de mostrar-se prestativo e decidiu aceitá-los.

Quando voltei ao meu escritório no dia seguinte, enviei-lhe pelo correio um cheque, juntamente com alguns dos meus livros e das minhas fitas, em sinal de agradecimento.

Será que Nick já havia sido passado para trás alguma vez? Será que já tinha ajudado algum hóspede que depois lhe deu o calote ou não se mostrou agradecido? Não sei. Mas meu instinto me diz que ele continuará a ser solidário, mesmo que as pessoas que recebam sua ajuda não o recompensem da maneira correta.

Penso assim a respeito de Nick porque acredito que ele conhece algumas verdades importantes. Sabe que a maneira de viver com alegria e sucesso é manter o foco no que damos e não no que recebemos. Sabe que age da maneira certa por sua própria vontade, e não porque se sinta obrigado a fazer isso. Sabe que ser prestativo não é uma obrigação, e sim uma oportunidade. Sabe que ajudar é ainda mais divertido do que receber ajuda.

Pode parecer engraçado, mas, na verdade, até me senti feliz por ter ficado sem dinheiro naquela ocasião, porque assim conheci Nick e tomei consciência do que ele sabe. E que, por causa disso, agora você também sabe.

Um Fred famoso

Encontrar um trabalho para fazer durante as férias no início dos anos 1950, no Bronx, não era fácil, mas o jovem Colin estava determinado a ganhar o dinheiro de que precisava. Em busca de um serviço, todas as manhãs bem cedo, ele se apresentava no lugar onde os motoristas de caminhão se reuniam. Às vezes, ajudava num caminhão de entrega de refrigerantes. Depois surgiu uma vaga para limpar a sujeira deixada pelo xarope numa fábrica da Pepsi. Nenhum dos outros garotos se candidatou para aquela ocupação, mas Colin a aceitou. E fez um trabalho tão bom que foi convidado a voltar nas férias seguintes. Naquele verão, ele trocou o esfregão pelo comando de uma máquina de engarrafar e, no fim da temporada, já era subchefe daquele turno.

A experiência lhe ensinou uma lição importante. "Todo trabalho é digno", escreveu ele em suas memórias. "Sempre procure dar o melhor de si, porque alguém está de olho em você."

Anos depois, o mundo viu Colin Powell assumir a chefia do Alto Comando das Forças Armadas dos Estados Unidos, liderando a campanha militar na Guerra do Golfo e consolidando-se como um campeão na luta pela educação. Em 2000 foi escolhido secretário de Estado pelo então presidente eleito George Bush.

Os Freds estão por toda parte. Provavelmente você também já encontrou alguns deles.

Chegou o momento de fazer a pergunta crucial: você está pronto para ser um Fred? Se a resposta for sim, continue lendo.

PARTE 2

Tornando-se um Fred

Depois de ter lido este livro até aqui, você pode estar pensando que gostaria de ter conhecido mais pessoas como Fred, o Carteiro e também de ter vivido e trabalhado com elas. Todos nós ganharíamos muito se o mundo fosse povoado por gente assim – indivíduos que se orgulham da sua ocupação e transformam o comum em algo extraordinário.

Quantos Freds existem na sua empresa? Você já se pegou dizendo alguma vez: "Adoraria que houvesse mais pessoas com esse perfil trabalhando aqui!"? Lamenta o fato de que alguns dos seus colegas possam ser descritos mais exatamente como o oposto?

Então, de que maneira podemos colocar mais Freds no mundo? A resposta é fácil: *seja um Fred você mesmo!*

Tudo pode começar com você. Se o seu desejo é ter um mundo com mais indivíduos desse tipo, seja um deles. Somente quando você transformar o comum no extraordinário, as outras pessoas passarão a ver novas possibilidades em si mesmas.

Não é tão difícil assim. Na verdade, é mais difícil *não ser* um Fred. Muitas vezes, as habilidades e aptidões que nos tornam capazes de ser um Fred surgem naturalmente – elas vêm de dentro de nós, de quem já somos. Se você não acalentasse pelo menos o interesse (ou, provavelmente, um desejo apaixonado) de melhorar ao máximo sua carreira e seus relacionamentos, não teria lido este livro até este ponto.

Há uma característica que parece ser comum a todos os seres humanos: a paixão pela importância. Nunca encontrei ninguém que quisesse ser insignificante. Todas as pessoas desejam ser reconhecidas e também saber que seu trabalho não é só uma maneira de ganhar a vida, e sim "um modo de fazer a vida ganhar sentido". Os indivíduos mais infelizes provavelmente são aqueles que realizam um trabalho que odeiam só porque precisam do dinheiro. Por que não executarmos um trabalho que *adoramos* porque necessitamos do dinheiro?

Você pode fazer isso. Transforme sua ocupação numa atividade que você adore – não se trata de partir para algo novo, e sim de desenvolver seu trabalho de uma forma diferente.

É isso que torna um Fred um indivíduo único. Milhares de homens e mulheres entregam correspondências. Para uma parte deles, isso é apenas "mais um trabalho". Para outros, pode ser uma ocupação que lhes dá prazer. Mas, para alguns poucos como Fred, executar essa tarefa corresponde a cumprir uma vocação.

A pessoa que faz o trabalho é quem determina a diferença entre o que é banal e o que é extraordinário.

Você decide

O que você prefere: alegria ou infelicidade? Estar contente com seu trabalho ou se sentir mal em relação a ele? Ser você mesmo ou esconder seu verdadeiro eu? É mais difícil ser infeliz, negativo e insincero do que ser feliz, positivo e autêntico. Todos os Freds compartilham estas últimas características, seja qual for seu tipo de ocupação.

A maior parte das pessoas pensa que só consegue avançar na vida se estiver aprendendo algo novo. Eu acredito que um indivíduo também pode progredir voltando-se para alguns princípios básicos do sucesso. Há muitas maneiras de conceituar o verdadeiro sucesso, mas acho que ser capaz de se divertir dando o melhor de si no trabalho é uma definição que está no topo da lista.

Basta restabelecer os conceitos que você assimilou um dia – ou as lições que aprendeu ainda criança na escola ou na igreja – e aplicá-los à sua vida e ao seu trabalho.

Faça a coisa certa pelo motivo certo

Há um mistério: se você espera elogios e reconhecimento, dificilmente os receberá. Na verdade, não sei por que, mas a vida tem mostrado repetidamente que, quando o motivo para fazermos algo é receber agradecimentos ou elogios, muitas vezes sofremos uma decepção. No entanto, se seguirmos fazendo as coisas certas, sabendo que o próprio ato de realizá-las é nossa maior recompensa, nos sentiremos gratificados de qualquer maneira, independentemente da reação das pessoas. Assim, quando o reconhecimento ou a recompensa surgirem, eles serão como a cereja em cima do bolo.

Suas possibilidades são infinitas

Tenho um palpite sobre por que as pessoas gostam de ouvir as histórias de Fred, o Carteiro: isso faz com que elas se lembrem não apenas do que é possível realizar como também do seu próprio potencial. Excelência, discernimento e dedicação são componentes do mundo de um Fred. A mediocridade, a insensatez e a falta de empenho que encontramos todos os dias são substitutos lamentáveis para essas qualidades.

Os Freds nos mantêm atentos ao fato de que podemos escolher os modelos certos. Eles são exemplos inspiradores para suas empresas e organizações e para seus colegas, clientes, amigos e familiares. Quando as pessoas percebem que há muitas maneiras de alcançar a excelência e vibrar com seu trabalho, elas também desejam se tornar Freds. A partir desse momento, acontece algo maravilhoso. A energia que elas tinham no passado é recuperada. O entusiasmo substitui a descrença e a ação suplanta o comodismo. Os resultados, o reconhecimento e a satisfação que provêm do fato de ser um Fred serão o combustível que alimentará seus esforços contínuos por mais qualidade.

QUATRO

Todos nós podemos fazer a diferença

Todas as pessoas são importantes. Você tem importância. Eu tenho importância. Na teologia, essa é a coisa mais difícil em que acreditar.
– G. K. CHESTERTON

Era uma bela manhã de primavera em Cincinnati. Como minha palestra estava marcada apenas para a tarde, deixei o hotel e parei num dos cafés das redondezas. Depois de pagar por uma xícara de café (podia-se repetir de graça!), saí para me sentar e ler um jornal numa das mesas da calçada. Nos 20 minutos seguintes, fiquei saboreando a bebida e lendo.

Havia um ponto de táxi ali perto, e percebi que uma senhora de idade um pouco mais avançada era quem guiava o segundo carro da fila. Ela saiu do automóvel para se espreguiçar e olhou para a entrada do café atrás de mim. Não era preciso ser um adivinho para constatar sua vontade de ir até lá. Eu me levantei e caminhei até essa senhora.

– Que tal uma xícara de café? – perguntei.

– Isso seria fantástico! – ela respondeu.

– Como quer seu café?

– Puro. – Tínhamos a mesma preferência.

Entrei no café, enchi minha xícara novamente e paguei um café para a senhora do táxi. Na volta, a vi revirar os bolsos à procura de dinheiro.

– Não é necessário – eu disse. – O café é por minha conta.

Enquanto eu pegava o jornal e retornava para o hotel, a última coisa que vi foi a mulher, parada e sem palavras, com uma expressão de admiração no rosto.

O dinheiro que paguei por aquele café foi meu melhor investimento naquele dia. Fui um Fred, o que me proporcionou uma imensa satisfação. E talvez também tenha transmitido um pouco de inspiração a alguém.

Hoje você acordou com vontade de mudar o mundo?

Admitir que você começou o dia com vontade de mudar o mundo parece algo um tanto bombástico, até mesmo delirante. Mesmo assim, acredito que mudamos o mundo diariamente, tenhamos ou não essa intenção. Muitas vezes, basta um pequeno gesto para fazermos uma grande diferença.

Em casa, você pode mudar o mundo dos seus filhos ou da sua mulher ou do seu marido, dependendo, por exemplo, do modo como interage com eles antes de sair para o trabalho. Um tempo a mais, uma atenção extra ou uma demonstração de afeto são elementos que podem modificar o mundo dessas pessoas naquele dia. E farão com que você se lembre do que é importante quando mergulhar na loucura e nos problemas do escritório, sabendo que o dia terá um começo difícil.

Na rua, você muda o mundo de um motorista quando não buzina nem reclama ao vê-lo trocar abruptamente de faixa na sua frente. Dessa forma, reconhece que ele também é humano e que está sujeito a errar. É claro que você vai alterar o mundo dessa pessoa de uma forma diferente se buzinar freneticamente, xingá-la e fizer gestos obscenos.

Você também pode mudar o mundo de um colega de trabalho, de um vendedor ou de uma garçonete com um sorriso ou com uma cara feia.

Não, essas não são mudanças drásticas. Elas não vão alterar o rumo da política internacional nem revelar a cura de uma doença grave. Mas quem pode dizer que essas pequenas iniciativas não causam um efeito profundo e cumulativo na vida das pessoas e, em última análise, na *sua própria* vida?

Todos os dias, cada um de nós faz a diferença

Talvez você leia livros sobre como "fazer a diferença". Provavelmente já ouviu professores, conferencistas e religiosos exortando os ouvintes a "fazer a diferença".

O fato é que aquilo que todos nós realizamos diariamente já cumpre esse objetivo. A questão crucial a saber é: que *tipo* de diferença estamos fazendo?

Fazer a diferença corresponde a afetar de alguma forma uma pessoa, um grupo ou uma situação. É praticamente impossível permanecermos "neutros" ao longo do dia. Prestar atenção nas pessoas, tratá-las com o respeito que merecem e atendê-las de maneira educada e gentil é algo que faz uma diferença positiva.

Ao contrário, ignorar, criticar e menosprezar os outros, seja de forma intencional ou não, produz um efeito negativo.

O segredo consiste em ficar atento aos tipos de diferença que você está fazendo. Como diz Jim Cathcart, meu amigo e companheiro de viagens de motocicleta: "Para saber mais, observe mais."

Você não deve se perguntar: "Será que eu fiz alguma diferença hoje?" É claro que fez! Sem dúvida afetou alguém, talvez ligeiramente, talvez de modo significativo.

A pergunta importante a se fazer é: "Que *tipo* de diferença eu fiz?"

Algo melhor do que praticar atos de bondade ao acaso

Talvez você já tenha ouvido esta frase: "Pratique atos de bondade ao acaso." É um bom conselho, mas tenho uma sugestão. Por que não pensamos em algo como "Pratique regularmente atos extraordinários"?

Mesmo a pessoa que tenha um comportamento inteiramente oposto ao de um Fred pode de vez em quando – até "acidentalmente" – fazer alguma coisa fora do comum. Quando isso acontece, devemos reconhecer o fato e celebrá-lo para reforçar esse tipo de atitude.

O objetivo deste livro é ajudá-lo a pensar, a agir e a tornar seu estilo mais parecido com o de um Fred. Assim, você levará esse espírito magnânimo para seu trabalho, seus relacionamentos e sua vida da mesma forma que Fred fez – não esporadicamente, mas de modo regular. Você pode aprender a olhar o mundo pelas lentes coloridas dos "óculos Fred".

As coisas que fazemos, tanto as pequenas quanto as grandes, vão, uma a uma, formando um estilo de vida que é percebido por qualquer pessoa que esteja prestando um mínimo de atenção ao seu redor. É esse tipo de exemplo o que mais influencia os outros.

O poder da determinação

É interessante sermos lembrados de quão abrangente o impacto que causamos nas pessoas pode ser.

Em 1962, Dick Jordan era um professor novato na escola George Washington, em Denver. Ele convidou seus alunos a reencontrá-lo no primeiro dia do ano 2000 na entrada oeste da Biblioteca Pública da cidade. Na data marcada, quase 40 anos depois, cerca de 300 ex-alunos se reuniram no local combinado.

Quando os repórteres perguntaram àquelas pessoas qual havia sido sua motivação para comparecer ao encontro, suas respostas foram simples: sabiam que Jordan se importava com elas. Ele lhes ensinara a pensar e a questionar o que estava nos livros de História. Em um dos casos, tinha servido de inspiração para um estudante que decidira ser professor. O marido de uma ex-aluna foi até lá em atendimento a um dos últimos pedidos da sua mulher, que havia morrido de câncer.

A diferença de uma grande idéia

Bonnie McClurg sabe como fazer a diferença. Como professora de leitura na Chandler Elementary School, em Charleston, na Virgínia Ocidental, ela muda a vida das pessoas.

Há cerca de nove anos, Bonnie observou que todos os dias os estudantes compravam biscoitos, pacotes de batata frita e outros lanches na máquina que havia na escola. Isso a fez pensar em dar um passo adiante: por que não disponibilizar livros baratos que pudessem ser adquiridos de um modo tão fácil quanto aquelas guloseimas? Passando rapidamente da idéia à ação, ela encontrou um meio de estocar os livros dentro da máquina junto com os outros produtos.

Desde então, os alunos têm tido a oportunidade de comprar livros por apenas 50 centavos de dólar cada, incluindo títulos que eram vendidos originalmente a quase oito dólares. Nada menos do que mil livros foram adquiridos por estudantes ávidos. Bonnie não se acomodou depois de ter a idéia – fez com que ela se tornasse realidade. E mostrou que livros podem ser tão deliciosos quanto biscoitos, além de saudáveis.

Três estratégias para fazer a diferença

Existem boas maneiras de influenciar o mundo à sua volta e outras não tão boas. Conheça algumas referências para agir do modo certo.

ESTRATÉGIA 1: **Identifique a situação em que você vai fazer a diferença.** Quando você pode fazer a diferença? Em todas as oportunidades. Lembre-se: ninguém o está forçando a realizar coisas extraordinárias. Se suas tentativas de ser um Fred se transformarem numa obrigação opressiva, seu esforço estará fadado ao fracasso. Você vai fazer a diferença porque esse é seu desejo e porque tem capacidade para isso, assim como a maior parte dos Freds que encontrei.

ESTRATÉGIA 2: **Defina as pessoas para quem você pode fazer a diferença.** Fred, o Carteiro parece determinado a oferecer um atendimento de excepcional qualidade a todos os usuários do seu serviço. Isso é possível para mim e para você? A resposta é: depende. Tenho a convicção de que podemos fazer um ótimo trabalho com todos com quem interagimos em casa e no ambiente profissional. No entanto, sem dúvida existem aqueles para quem gostaríamos de realizar algo *extraordinário*. As pessoas mais importantes da nossa vida merecem nossa máxima atenção:

- Clientes/consumidores/usuários. Teria sido fácil escrever um livro sobre atendimento ao cliente e usar Fred como exemplo principal, mas eu não queria me restringir ao mercado – desejava levar o que aprendi com ele e com outros profissionais desse tipo para todos os campos das relações humanas. Reconheço, porém, que talvez a forma mais fácil de agir e a que dê resultados mais imediatos seja prestar um atendimento igual ao que Fred me dispensou. Você conquistará a atenção das pessoas imediatamente e, em pouco tempo, sua inabalável devoção.
- Família. Como sua mulher ou seu marido reagiriam se você demonstrasse uma atenção e um compromisso no Estilo Fred em relação a ela ou ele? E seus filhos? Uma das coisas mais tristes da vida é saber que alguém nos ama e raramente termos a oportunidade de vivenciar esse sentimento. Podemos transformar as interações e os eventos cotidianos de uma família em experiências e momentos extraordinários aplicando esses princípios em casa.
- Supervisor. Você gostaria de trabalhar para um supervisor fantástico? Então comece a tratar seu supervisor como se ele fosse

uma pessoa espetacular. Faça coisas extraordinárias para ele ou ela e, com o passar do tempo, aposto que perceberá uma diferença no seu relacionamento. Se isso não acontecer, é hora de começar a procurar um novo supervisor.

- Colegas de trabalho. Equipes que alcançam um ótimo resultado são formadas por colegas que têm um ótimo desempenho. Alguém precisa dar o primeiro passo – por que não você? Torne-se o Fred da sua equipe ou do seu departamento e observe como as pessoas serão afetadas de modo positivo.
- Amigos e desconhecidos. Quais têm sido suas ações para tornar mais rica a vida das pessoas que você conhece e daquelas que você não conhece? A única coisa mais fantástica do que sermos presenteados com um gesto no Estilo Fred por alguém que conhecemos é obtermos isso de um estranho. Uma atitude assim restaura nossa fé no potencial do comportamento humano.

ESTRATÉGIA 3: Seja aquele que faz a diferença. Basta pensar um pouco para descobrir a diferença que você pode fazer em qualquer atividade ou acontecimento. Costumamos estar tão estressados e ocupados com nossa vida que não temos tempo para considerar as diferenças capazes de agregar valor ao que fazemos pelos outros. Portanto, precisamos encontrar espaço na agenda para determinar como transformar nossas ações comuns em atos extraordinários. Da mesma forma que os atletas se preparam antes de uma competição, nós também deveríamos refletir antes de darmos início às atividades diárias.

Uma vez que já tenhamos compreendido a diferença que

podemos fazer, o desafio é colocar isso em prática. Essa é uma tarefa que não pode ser transferida para outra pessoa. Cabe a nós tomar uma atitude.

Que tipo de diferença você vai fazer hoje?

CINCO

Os relacionamentos são a base do sucesso

Você agrega valor às pessoas quando demonstra estima por elas.
– JOHN C. MAXWELL

Certa tarde, antes de fazer uma palestra numa conferência de vendas, descobri que eu e o vice-presidente comercial de uma grande empresa de produtos alimentícios éramos ambos loucos por carros.

"Você lê a *AutoWeek*?", ele me perguntou.

Na época eu não conhecia essa revista, mas, após ouvi-lo falar sobre os assuntos que ela abordava, decidi que faria a assinatura.

Meu companheiro fanático por automóveis pareceu ler meus pensamentos. Na manhã seguinte, antes da minha apresentação, ele me deu o cupom de assinatura do número mais recente da revista.

Esse pequeno gesto chamou minha atenção porque revelava

uma extrema consideração. Por causa disso, resolvi adotar uma técnica similar ao conversar a respeito de livros com amigos e clientes. Se estou convencido de que existe um livro excelente que eles ainda não leram, encomendo um exemplar e envio para a pessoa com meus cumprimentos. Dessa maneira, eu e ela sentimos uma grande satisfação e fortalecemos os laços que nos unem, além de ampliarmos a abrangência das nossas conversas.

É um resultado incrível para uma simples iniciativa destinada a estabelecer um relacionamento.

O sucesso está em construir um relacionamento de cada vez

Todos os dias interagimos com dezenas de pessoas. Muitas vezes esses contatos são efêmeros e rapidamente esquecidos. No entanto, os Freds não se valem das pessoas como um meio para atingir determinado fim – eles usam relacionamentos para construir as bases do seu sucesso. Compreendem que todos os resultados são criados pelas interaçoes com as pessoas e por meio delas. Tornam-se assim estudiosos da psicologia social. Aprendem que relações fortes produzem lealdade e são a base de parcerias e do trabalho em equipe.

Os melhores Freds constroem redes e nelas estabelecem canais para distribuir seus talentos. Esforçam-se para trabalhar bem com as pessoas, seja na relação com um cliente, seja numa equipe formada por colegas.

Lembre-se de que a qualidade do relacionamento está diretamente associada à quantidade de tempo investido nele. Não deixe de dedicar uma boa parte do seu tempo às suas relações.

Relacionamentos no Estilo Fred – até com parceiros de três anos de idade

Os atuais sistemas de cobertura médica determinam limites na quantidade e nos tipos de serviços que oferecem aos usuários dos planos de saúde. Apesar dessas restrições, existem na área médica alguns profissionais fantásticos que preferem se concentrar naquilo que *podem*, e não no que *não podem* fazer. Com todas as reclamações que costumam se acumular a respeito dos serviços prestados nesse setor, seria improvável encontrarmos o exemplo de um autêntico Fred.

No entanto, Dan, assistente de um consultório pediátrico, é um Fred. Imagine como deve ser trabalhar todos os dias com crianças doentes.

Certa vez, minha mulher, Darla, levou nosso filho de três anos para uma consulta. Queríamos ter certeza de que ele não tinha fraturado o nariz ao cair da mesa na casa dos avós. Hunter estava sentado no chão quando Dan entrou. Depois de nos cumprimentar alegremente, ele se sentou ao lado do nosso filho.

Hunter o olhava com certa suspeita enquanto mordiscava uns biscoitos. "Ei, posso provar um?", perguntou Dan. Como a maioria das crianças, Hunter havia desenvolvido certa desconfiança em relação ao que o aguardava nos consultórios médicos. Por isso, compreendemos quando os olhos dele se arregalaram um pouco ao ver Dan roubar descaradamente um dos seus biscoitos.

De repente um enorme sorriso se abriu no rosto do meu filho. Dan começou a "interagir" com ele, como se diz no jargão médico (na linguagem comum, os dois começaram simplesmente a brincar). Depois de muitas palhaçadas, ele pegou os cadarços do sapato de Hunter e os amarrou um no outro. Quando meu filho viu, tentou andar e, como era esperado, tropeçou. Ele adorou aquilo e riu para valer.

Após dedicar um tempo a essas distrações, Dan conseguiu examinar um garotinho totalmente relaxado, que não demonstrava o menor sinal de estresse. Provavelmente Hunter pensou que tinha entrado no lugar errado e que aquilo ali não era de forma nenhuma um consultório médico.

Dan sabia o que fazer. Ele não apenas realizou os exames sem qualquer tipo de contratempo como eliminou de vez os medos de uma criança de três anos.

Não poderia haver melhor exemplo da construção de um relacionamento no Estilo Fred.

Os sete mandamentos para se construir um relacionamento

No mundo de hoje, dominado pela tecnologia, a construção de um relacionamento poderia ser considerada uma forma de arte quase extinta. A maioria de nós jamais foi ensinada a estabelecer relações. Tudo o que aprendemos foi por meio da observação de pessoas que nos serviram de modelos, e não com base num aprendizado consciente. Aliás, sorte de quem pôde contar com esses modelos – nem todo mundo tem alguém assim por perto.

Você deseja aperfeiçoar seus relacionamentos em casa e no trabalho? Os seguintes princípios, com certeza, serão de grande ajuda:

1. Seja autêntico. Além do modo extraordinário como mantinha o foco nos usuários do seu serviço, Fred apresentava outra característica altamente inspiradora: sua autenticidade. Nunca fiquei com a impressão de que ele estivesse tentando me impressionar se fazendo passar por alguém diferente do que ele era.

Isso é exatamente o contrário do pensamento que prevalece na nossa cultura: "Finja até alcançar seu objetivo." Segundo essa visão, a meta é tornar-se a pessoa que você quer ser agindo como se já fosse tal pessoa. O único problema com essa tática é que o indivíduo passa a ser uma fraude, uma falsificação.

Experimente esta alternativa: dê sempre o melhor de si para ser você mesmo. É claro que é necessário tentar melhorar, experimentar coisas novas e agregar valor continuamente. Mas deixe que essas ações nasçam da pessoa que você é, daquilo em que você acredita e dos princípios com os quais está comprometido.

O pré-requisito básico para se construir um relacionamento é a confiança. No nível mais elementar, a confiança se estabelece com base na crença de que as pessoas são quem elas aparentam ser.

2. Procure se interessar pelos outros (e não apenas ser interessante). Pode ser verdade que pessoas interessantes atraem atenção, mas acredito que pessoas *interessadas* atraem admiração.

Quando encontrei Fred pela primeira vez, ele se apresentou rapidamente, pois estava concentrado em saber como poderia atender as minhas necessidades. Gostei dele na hora porque demonstrou um sincero interesse por mim, e não porque ele fosse interessante (ainda que, ao longo do tempo, eu tenha descoberto que, certamente, ele é interessante). Se Fred tivesse usado seu tempo para me dizer que ele era um carteiro fantástico, o resultado teria sido bem diferente.

As pessoas sentem-se lisonjeadas quando expressamos interesse em conhecê-las melhor, não por uma curiosidade mórbida, mas como um esforço para ajudá-las ou servi-las de modo mais eficiente. Acredito que, ao admirarmos aqueles que atendemos, aumentamos o valor do serviço que lhes prestamos.

3. Aprenda a ouvir. Quando você tem interesse pelas pessoas e passa a ouvi-las, elas lhe oferecem informações práticas importantes que podem ser usadas para criar valor. Por exemplo, ouça cuidadosamente seu supervisor e talvez fique sabendo que ele odeia ler relatórios longos. A partir desse momento, você estará ciente de que pode melhorar sua relação de trabalho elaborando textos mais sintéticos. Outro caso: durante um almoço, pergunte a uma cliente sobre sua família. Talvez vocês descubram que o filho dela de 14 anos e seu filho têm o mesmo *hobby*. Ao trocarem informações sobre esse ou outro interesse que compartilham, estarão conferindo mais valor e profundidade ao seu relacionamento.

As pessoas gostam quando alguém se dá ao trabalho de conhecê-las melhor e de buscar informações sobre como atendê-las de modo mais eficiente. Compreender e valorizar o que elas desejam aumenta o valor daquilo que você pode lhes oferecer.

4. Demonstre empatia. Se você está interessado nas pessoas e procura sinceramente conhecê-las e ouvi-las, será melhor que tente entender como elas se sentem colocando-se no seu lugar. Isso é empatia. Ser compreendido é uma das maiores necessidades humanas. Muitas vezes, porém, aqueles que nos conhecem ou não ligam para nós ou não se esforçam para saber como nos sentimos de verdade.

Há dois mil anos, o filósofo Fílon de Alexandria disse: "Sejam gentis. Todas as pessoas que encontramos estão travando uma luta difícil." As coisas não mudaram muito desde então. Esse conselho é a própria essência da empatia aplicada à prática.

5. Seja honesto. Costumo resumir toda a estratégia de negócios com as seguintes palavras: diga o que você faz e faça o que você diz. Isto é, não prometa o que não pode cumprir. Não crie expectativas que não tem condições de satisfazer. Evite exageros na hora de apresentar ou prometer alguma coisa. Seja um homem, uma mulher ou uma organização de palavra. Isso se chama integridade.

6. Seja prestativo. Pequenas coisas fazem uma grande diferença. Uma quantidade substancial de pequenas coisas faz uma enorme diferença.

Há alguns anos um amigo meu, Ken, me ensinou um modo muito simples de ser útil a pessoas que eu não conheço. Se vejo o membro de um grupo tirando uma foto dos demais, eu me ofereço para fazer isso em seu lugar, de modo que todos eles possam aparecer na fotografia.

Até mesmo o gesto de segurar a porta para alguém é um comportamento no Estilo Fred. Portanto, se você se lembrar de ter boas maneiras, as pessoas se lembrarão de você.

7. Seja pontual. O tempo é a única coisa que muitas pessoas têm ainda menos do que dinheiro. Ao ajudá-las a poupar tempo, sendo pontual e eficiente, você estará dando uma contribuição de grande valor.

Muito além das interações

Faça este teste: nas suas interações com as pessoas, qual a proporção das que são transacionais por oposição às relacionais?

As interações transacionais priorizam os resultados, que são alcançados às vezes à custa dos próprios relacionamentos. As pessoas que dão mais importância aos fins que almejam obter do que aos relacionamentos costumam ser chamadas de "diretas". Isto é, elas partem diretamente para conseguir os resultados, fazendo com que as outras se sintam desvalorizadas e até usadas.

Interações relacionais enfatizam a importância da forma como as pessoas são tratadas ao longo do processo que visa obter resultados. Esse tipo de interação não ignora os fins, mas reconhece que os meios são uma parte importante do objetivo. Fred, o Carteiro é uma prova viva de que a maneira como a correspondência é entregue afeta o modo como as pessoas se sentem a respeito dos resultados.

Nem toda interação precisa ou deve ser relacional. Às vezes, a falta de tempo ou a própria situação não permitem isso. Por exemplo, numa crise de emergência, fazer com que pessoas evacuem um edifício em chamas pode exigir instruções ásperas e diretas.

Parafraseando o cantor e compositor Jimmy Buffet: "Necessitamos da mesma quantidade de tempo tanto para sermos pessoas decentes quanto para sermos perfeitos idiotas."

Na maioria das vezes, você e eu podemos agir mais no Estilo

Fred se dedicarmos tempo à análise do aspecto relacional das nossas interações. Não precisamos de muito tempo extra nem de um grande esforço para manifestar interesse pelas pessoas e mostrar como podemos ser úteis a elas, especialmente àquelas de quem dependemos para que o sucesso mútuo se estabeleça.

E essa é a essência do esforço para construirmos relacionamentos, seja no campo dos negócios, seja na vida pessoal.

SEIS

Procure sempre criar algo que tenha valor para as pessoas

Há dois tipos de pessoas que nunca chegam a realizar muito ao longo da vida. Um deles é quem não faz o que lhe dizem para fazer e o outro é quem faz apenas o que lhe dizem para fazer.

– ANDREW CARNEGIE

Durante a Idade Média, acreditava-se que um alquimista (uma pessoa com conhecimentos de química, filosofia e magia) era capaz de transformar metais comuns em ouro. Desde então, a ciência provou que isso é impossível. Mas o que a maior parte das pessoas não descobriu é que é possível transformar as idéias mais comuns em idéias de grande valor.

Fred, o Carteiro é um alquimista dos nossos dias, e você pode aprender a ser um também.

Certa vez, perguntaram a um chef de cozinha qual era o segredo do seu sucesso. Ele disse que considerava muito importante ter trabalhado na cozinha de um grande restaurante europeu. Lá, aprendeu que a chave para ser bem-sucedido era fazer todos os pratos da melhor maneira possível, fosse uma entrada sofisticada, fosse um simples acompanhamento.

"Se você está servindo batatas fritas, esforce-se para que sejam as melhores batatas fritas do mundo", ele disse.

Os Freds ou criam um novo valor ou agregam valor ao trabalho que realizam. Ao mesmo tempo, sabem que algo que não oferece nenhum valor – seja para um cliente, seja para um colega – pode ser uma perda tanto de tempo quanto de energia.

Pessoas assim têm sucesso quando competem porque oferecem idéias, produtos e serviços melhores do que seus concorrentes. Fazem algo mais do que falar sobre "valor agregado" – elas realmente o aplicam ao produto ou serviço.

Os melhores Freds são verdadeiros mestres em transformar produtos, serviços, responsabilidades e tarefas comuns em coisas extraordinárias. São alquimistas do mundo real que praticam a arte e a ciência de criar algo de valor. Eles produzem esse valor adicional ao fazerem mais do que o necessário, superando nossas expectativas – na maior parte das vezes, sem que precisem gastar um centavo extra.

Certa vez, trabalhei com um hospital que estava empenhado em melhorar o relacionamento com os pacientes. Uma pequena idéia fez uma grande diferença: sempre que pacientes ou visitantes perguntavam como chegar a determinado lugar, os integrantes da equipe do hospital, em vez de simplesmente fornecer a explicação às pessoas, passaram a acompanhá-las até seu destino, especialmente no caso daquelas que pareciam mais confusas ou desorientadas.

Qualquer indivíduo que precise se deslocar dentro de um hospital – seja como paciente, seja como visitante – sempre acaba ficando meio desnorteado em algum momento. Ao contar com alguém que o oriente, ele é poupado de uma carga desnecessária de estresse. A equipe do hospital proporciona valor extra ao eliminar esse problema.

Um curso intensivo para agregar valor

Este é um pequeno livro com uma grande missão: fazer com que sua vida ganhe sentido, superando tudo o que você possa ter imaginado. Nas próximas páginas estão algumas das mais importantes idéias que vamos compartilhar. Está pronto para aprender a se tornar uma pessoa de incrível utilidade para os outros? Saiba como:

1. **Fale a verdade.** A verdade é uma matéria-prima que parece cada vez mais escassa. No ambiente atual do mercado, nos acostumamos a ouvir o que as pessoas acham que queremos ouvir em vez de nos interessarmos em saber o que realmente está acontecendo. Se perguntamos sobre um prazo de entrega, nos respondem que a encomenda chegará "logo pela manhã". No fim do dia seguinte, não há nem sinal do pacote.

Falar a verdade deveria ser um item básico, e não uma oportunidade para criar valor. Um filósofo já disse que, se a honestidade não existisse, alguém iria inventá-la como a melhor maneira de enriquecer. Ironicamente, a verdade é hoje uma mercadoria tão rara que lhe atribuímos um valor ainda maior do que o concedido no passado.

2. Ponha em prática o poder da sua personalidade. Eu tinha acabado de jantar num dos meus restaurantes italianos favoritos em Denver. O garçom que me atendeu era simpático, mas não excepcional. Antes de apanhar o talão de cheques para pagar a conta, observei um homem mais velho que estava enchendo copos d'água nas mesas ao mesmo tempo em que conversava com os clientes. Quando comecei a preencher o cheque, ele se aproximou de mim, perguntando se eu queria mais água. Percebi que seu entusiasmo era genuíno no momento em que ele colocou a mão de leve sobre meu ombro e disse: "Ficamos felizes por você ter vindo aqui hoje."

Essas simples palavras proporcionaram um fecho extraordinário para um jantar que, por si só, nada teria de incomum. O que eu vivenciei ali foi o poder da personalidade, que se revela quando estendemos nossos sentimentos aos outros de forma autêntica e entusiasmada. Aquele senhor transformou em arte os atos de encher copos d'água e conversar. Fez isso aplicando sua própria personalidade ao processo.

3. Use o talento artístico para atrair. O que você tem feito para acrescentar aos seus produtos e serviços um toque de talento artístico? Pode ser algo tão simples quanto uma assinatura exclusiva ou tão importante quanto uma nova embalagem ou um novo design. Nossa atenção se volta para o que é atrativo não apenas nas pessoas como também nos bens, nos serviços, na arquitetura e em tudo o que esteja associado ao design.

Os Freds dão atenção à aparência – não porque ela seja mais importante do que o conteúdo, mas porque esse é um fator que as pessoas levam em consideração. Algo de grande utilidade ou valor acaba sendo depreciado quando é apresentado de forma desagradável. Da mesma maneira, valorizamos as coisas quando as mostramos de um modo esteticamente interessante.

4. Preveja as necessidades dos outros. Esse é o poder da antecipação. Se você sabe que seus vizinhos de porta vão viajar na próxima semana para curtir as férias, por que não se oferece para molhar suas plantas enquanto eles estiverem fora? Muitas vezes, as pessoas só se lembram desses detalhes no último minuto. Pensar em maneiras de ser útil aos seus vizinhos durante esse período é um gesto generoso que vai criar um grande valor.

5. Acrescente "algo de bom". Pense na sua posição atual. Há alguma coisa que ela lhe permita acrescentar às experiências dos seus colegas e clientes que tornaria a vida deles mais agradável?

Veja alguns itens com os quais você pode seguramente agregar valor, seja qual for o produto ou o serviço que esteja oferecendo:

- Prazer. O que você tem condições de fazer para acrescentar um pouco mais de prazer e satisfação ao dia das pessoas? Pode ser algo tão simples quanto contar uma boa piada. Isso provoca sorrisos e gargalhadas, deixando o astral alto pelo resto do dia. Eu costumava carregar um saco de pirulitos nas viagens de avião para dar a crianças, aeromoças e a qualquer pessoa que apreciasse um doce. Tenho amigos que sabem realizar truques simples de mágica. Algumas vezes, eles usam essa habilidade somente para fazer surgir um sorriso no rosto de alguém. Em outras ocasiões, valem-se dessas brincadeiras para ajudar a fechar contratos de vendas de seis dígitos. Essas pessoas conhecem a força que pode haver num gesto simples para "acrescentar algo de bom".

- Entusiasmo. Pense no entusiasmo como uma mistura de emoção e energia positivas. Ele transforma eventos, processos, serviços e interações em algo fora do comum.
- Humor. Uma gargalhada é um ótimo remédio para a alma. Que produto ou serviço não se beneficiaria de uma colherada desse medicamento? Mesmo que seu produto ou serviço seja algo sério – como a entrega de correspondência –, você não precisa se levar tão terrivelmente a sério.

6. Subtraia "algo de ruim". O que mais o aborrece? Não seria maravilhoso se as pessoas se mostrassem vigilantes o bastante para perceber que coisas irritantes são essas e, na medida do possível, conseguissem eliminá-las do seu horizonte ou, pelo menos, reduzi-las? É isso que eu chamo de "subtrair algo de ruim".

É claro que o que é negativo para uma pessoa não é necessariamente ruim para outra. O importante é saber se aquilo que você está descartando deve realmente sair de cena.

Quais são as coisas que quase todos nós consideramos ruins? A seguir, uma lista do "pior do pior":

- Esperar. Quem fica feliz em esperar? Não deve ser muita gente. Ainda que a espera possa nos ajudar a desenvolver o dom da paciência, a maioria de nós recebe mais incentivo nesse sentido do que gostaria. Você não adora pessoas pontuais? Não fica satisfeito quando um compromisso começa e termina na hora prevista? Não é reconfortante ver que os outros demonstram respeito pelo seu tempo? Os Freds mostram competência para minimizar ou eliminar o tempo de espera dos seus colegas e clientes.

- Defeitos. É verdade que ninguém é perfeito e que o caminho da natureza passa pelas imperfeições. Mas, quando pagamos para que algo seja feito da maneira certa, é irritante termos que tolerar falhas. Uma simples operação de entrega de produtos pode nos levar do entusiasmo com um móvel novo à irritação quando uma mesa recém-comprada chega arranhada por puro desleixo. Os Freds esforçam-se para fazer com que seu trabalho e seus serviços não apresentem defeitos.
- Erros. Enquanto os defeitos atingem as coisas, os erros ocorrem em processos. Nada mais irritante do que alguém cometer um erro e você ter que arcar com as conseqüências. ("Sinto muito, senhora, mas alguém no nosso escritório perdeu sua inscrição. Sou obrigado a lhe pedir que nos encaminhe um novo formulário inteiramente preenchido.") Uma das coisas mais importantes que uma pessoa pode fazer para alcançar o nível de um Fred é: *sanar um problema que não foi criado por ela.* O que isso quer dizer? Resolva as complicações, mesmo que não tenha sido você o responsável por elas. ("Sinto muito, senhora, mas alguém no setor de processamento perdeu sua inscrição. Ficarei feliz em pegar seus dados por telefone para que a senhora não perca seu tempo tendo que preencher e enviar um novo formulário.") Não é nenhum elogio ser chamado de descobridor de problemas, mas o mundo adora as pessoas que os resolvem. Os Freds assumem a responsabilidade pela solução de problemas e erros, mesmo que originalmente não tenham sido causados por eles.
- Irritação e frustração. Será que temos realmente condições de

eliminar essas duas emoções negativas do horizonte de outra pessoa? Podemos começar de forma indireta, despertando sentimentos positivos em alguém. Houve uma ocasião em que eu estava penando nas mãos do serviço de atendimento ao cliente de uma seguradora. Minha raiva era tão grande que informei ao meu principal contato que assim que minha apólice expirasse eu *jamais* voltaria a fazer negócio com sua empresa. É claro que ele não passou essa informação adiante. Quando a apólice expirou, uma mulher chamada Tereza me ligou para que eu a renovasse. Aquilo me aborreceu. Perguntei-lhe se, lendo minha ficha, ela não havia tomado conhecimento da experiência horrorosa que eu tivera com sua firma. Disse-lhe que ela não fazia idéia de quanto eu havia me sentido irritado e frustrado ao tentar fazer negócio com sua empresa no passado. Tereza manteve-se em silêncio por um momento e depois afirmou: "Sinto muito, Sr. Sanborn. Não sei o que aconteceu naquela época. Mas posso lhe prometer: se o senhor ficar conosco, vou cuidar pessoalmente da sua conta e garanto que não se decepcionará de novo." Foi o que eu fiz e não me desapontei. Os Freds dão duro para minimizar a irritação e a frustração das pessoas e maximizar seus sentimentos positivos.

- Desinformação. Evite ao máximo. Se você não sabe a resposta para uma pergunta, diga isso. E, se existe uma razão para que não saiba, pelo menos explique o motivo e o que você pode oferecer em termos de uma informação o mais precisa possível. Ainda que ninguém goste de más notícias, existe algo ainda pior do que isso: boas notícias que não são exatamente verdadeiras. Quando recebemos esse tipo de informação, nossas esperanças e expectativas crescem, mas logo depois acabam se espatifando de encontro à realidade. Os Freds não se valem da desinformação. Eles são honestos quando não sabem responder a uma pergunta e fazem tudo o que está ao seu alcance para encontrar a resposta certa.

7. Simplifique. Esse é outro incrível benefício que podemos criar. Torne tudo mais fácil para que as pessoas obtenham de você aquilo de que precisam. Livre-se do espírito burocrático. Não viole nenhuma lei nem faça nada imoral, mas pense nos sistemas com os quais está envolvido. Você sabe como as coisas funcionam. Onde estão os atalhos? O que alguém de dentro – você, no caso – poderia fazer para tornar as coisas mais simples para quem está do lado de fora?

Se você deseja ser mais útil para as pessoas, use seu conhecimento e sua capacidade para ajudá-las a compreender o que parece ser uma situação complexa e sem saída.

Caso precisasse telefonar para o serviço de atendimento ao consumidor de um fabricante de computadores porque está totalmente confuso com seu novo PC, você não gostaria de ser atendido por um Fred? Um profissional desse tipo provavelmente começaria dizendo: "Sei como isso tudo parece complicado, mas vou ajudá-lo a colocar o computador para funcionar rapidamente." Depois disso, ele passaria a simplificar a situação. Um atendente com outro perfil poderia adotar aquele comportamento que vai do padrão mecânico das respostas prontas até uma clara atitude de superioridade.

8. Aprimore. Aprimorar significa "tornar primoroso, aperfeiçoar", isto é, multiplicar o valor existente. Faça o que você sempre fez, mas da melhor maneira que puder. Se adotar essa estratégia simples, as pessoas irão perceber. Em 1869, H. J. Heinz, fundador da empresa de alimentos de mesmo nome, cunhou a frase que descreve a meta de todo Fred: "Fazer a coisa comum tão bem que ela se torne algo fora do comum."

Pense em todas as ações triviais que você poderia realizar de maneira extraordinária. Será que uma ou duas frases acrescentadas a um e-mail fazem a diferença entre ser apenas informativo e oferecer uma informação com o entusiasmo de quem deseja sinceramente ser prestativo? Que mudança de estilo você pensaria em adotar para ser mais gentil ao prestar atendimento por telefone? Você é capaz de transformar o cliente furioso no outro lado da linha num cliente fiel à sua empresa não porque saiba lidar com o problema, mas por causa do modo como faz isso?

Os Freds estão sempre procurando maneiras, grandes e pequenas, de aprimorar a qualidade do seu trabalho e das suas interações.

9. Surpreenda as pessoas. Depois de recebermos um número considerável de crianças e pais na festa de três anos do nosso filho Hunter, minha mulher e eu estávamos exaustos. Entramos no carro, com minha mãe junto, e saímos em busca de um lugar para jantar. Depois de algum tempo, conseguimos uma mesa no Perkins. Esse estabelecimento encarnava como nenhum outro a condição de "restaurante comum". A construção era antiga, a decoração precisava de uma reforma e o cardápio oferecia o básico. A única coisa surpreendente ali era o serviço.

A pessoa que nos atendeu era uma moça cheia de entusiasmo. Ao tomar nota do nosso pedido, ela reparou nos ombros encurvados dos adultos e nos resmungos de fome emitidos por Hunter e prometeu trazer a comida imediatamente.

Poucos minutos depois, ela estava de volta com um macaco de pelúcia debaixo do braço. Era o personagem de um filme infantil que Hunter adorava. "Acabei de ganhar este bicho de pelúcia, mas ele não tem muita utilidade para mim", disse a garçonete. "Será que seu filho gostaria de brincar com ele?"

O rosto de Hunter iluminou-se com a perspectiva desse presente inesperado. Nós lhe agradecemos a gentileza e contamos que era o dia do aniversário dele. "Bem, então feliz aniversário!", ela o cumprimentou e se afastou com nossos pedidos.

A comida estava muito boa e o valor da conta foi normal. Mas a gorjeta que deixei foi excepcional, e nossa garçonete mereceu (embora eu não acredite que ela tenha agido daquela forma por causa disso). Um gesto de consideração por parte de uma pessoa simpática nos surpreendeu totalmente e nos fez esquecer o cansaço.

10. Divirta os outros. "Aproximem-se! Fiquem de olho e aprendam. Sou o Rei da Calda de Chocolate!", gritou o rapaz atrás do balcão de mármore. Nos minutos seguintes, como se fosse um locutor, ele irradiou seus movimentos enquanto preparava a calda, usando uma grande colher de pau para misturar e mexer. O aroma parecia convidativo e a demonstração, informativa. Mas era o caráter divertido da atuação do Rei da Calda de Chocolate o que realmente prendia nossa atenção.

Se tivessem sugerido que eu fosse observar alguém preparar

uma calda de chocolate, jamais iria. Mas aquele rapaz sabia de algo a respeito do comportamento humano que nenhum Fred ignora: as pessoas adoram uma distração. Nós prestamos mais atenção, aprendemos mais rápido e nos comprometemos mais com o que nos está sendo dito quando nos divertimos. Não estou falando de um entretenimento sem propósito. O Rei da Calda de Chocolate tinha uma razão para apresentar seu show. Ele queria vender mais calda. E vendeu.

SETE

Reinvente-se sempre

Um profissional triste deixou seu posto
de trabalho depois de muitos anos.
Quase todos os seus dias na empresa eram como o dia anterior.
Os colegas não desgostavam dele, mas não sentirão saudades.
E, embora ele tivesse ganhado dinheiro, sentia-se muito pobre.

Sempre fez o que lhe pagaram para fazer,
nada mais do que isso.
E fez tudo sem se divertir.
Trabalhava da mesma forma que levava a vida:
do jeito que sempre havia feito.
– MARK SANBORN

Ainda que nem toda mudança seja boa, ser sempre do mesmo jeito não deve fazer muito bem. Diz o ditado que a única diferença entre um sulco na terra e um túmulo é a profundidade.

Os Freds sabem que uma das coisas mais estimulantes a respeito da vida é que acordamos a cada dia com a possibilidade de nos reinventar. Não importa o que tenha acontecido ontem, hoje é um novo dia. Embora não possamos negar as dificuldades e os reveses, também não devemos nos deixar intimidar por eles.

Você diz que nunca foi um Fred? Mas isso é pré-história! Isso foi ontem. Hoje você pode começar o processo de se tornar aquilo que você quer ser. Se espera crescer e prosperar, tudo de que precisa é uma oportunidade para se reinventar. Faça isso através de pequenas ações diárias – grandes e pequenas – que mostrem seu compromisso com uma nova e aperfeiçoada versão de si mesmo. De outro modo, acabará ficando para trás num mundo cada vez mais competitivo.

Cresça, valorize-se

A melhor maneira de aumentar seu valor é dedicar-se ao seu próprio crescimento. Em relação às idéias, comporte-se como uma esponja. Reserve um tempo para refletir profundamente sobre o que você faz e por que faz. É muito comum vivermos no piloto automático, incapazes de distinguir entre *atividade* e *realização.*

Quanto mais crescemos como pessoas, mais temos que partilhar com os outros. Pense no desenvolvimento pessoal como a argila que usamos para moldar nossa reinvenção. Quanto mais argila tivermos, maior e mais detalhada será a escultura que poderemos criar. Quanto mais aprendermos – não falo de conhecimento abstrato, mas de instrução de ordem prática –, mais matéria-prima teremos para modelar nossa obra de arte pessoal.

Nossa estatura aumenta na mesma proporção que nossas capacidades mentais, espirituais e físicas se ampliam. À medida que formos crescendo, estabeleceremos novas conexões com pessoas e idéias que nos transformarão em mestres na arte de adquirir mais valor pessoal.

Guie-se por motivos convincentes

Não ajuda muito ser levado a se reinventar e a se aprimorar. "Ser levado" sugere uma compulsão nada saudável a fazermos as coisas porque devemos, e não porque queremos. Agir simplesmente por obrigação é uma ótima maneira de sabotar todo o esforço para se tornar um Fred.

Na época em que Fred foi meu carteiro, vi que ele realizava um excelente trabalho porque gostava do que fazia. Como eu sei disso? Pelo sorriso no seu rosto e pelo seu ar de satisfação. Ele agia simplesmente como alguém que é feliz. Estava se divertindo, não estava cumprindo uma obrigação.

Ter a meta de se tornar mais parecido com um Fred no seu trabalho não irá motivá-lo. Mas ter um motivo convincente para fazer isso – uma paixão ou um propósito – é o que irá realmente estimulá-lo. Exemplos de razões convincentes englobam desde o efeito positivo que isso exerce sobre as pessoas até à alegria proporcionada pelo fato de você estar assumindo o papel de um modelo adequado. Sejam quais forem os motivos ou o motivo que identificar, deixe que eles façam vir à tona o melhor de você.

Recorra às suas próprias experiências

Ao longo da vida, você provavelmente viu e vivenciou fatos incríveis. E, ainda que não os tenha esquecido, provavelmente não os traz mais à consciência nem os usa de maneira produtiva.

Se você deseja reinventar a si mesmo e melhorar seu futuro,

reserve um tempo para pensar sobre o passado. Quais foram as lições mais importantes que você aprendeu? O que já quis ardentemente realizar e nunca tentou? Que pessoas mais contribuíram como modelos para sua vida e o que você aprendeu com elas? Quem você mais admira? Que habilidades e características desses indivíduos você gostaria de desenvolver?

Compre um pequeno diário. Escreva as respostas para essas perguntas. Anote também as coisas das quais se lembrar, além de tudo o que aprender a cada dia. Aproveite as idéias que muitas vezes ficam escondidas no amplo depósito da sua mente.

Melhore seu Q.I.

Não basta ter boas idéias se você não souber o que fazer com elas. Sua capacidade de ser um Fred depende do seu Q.I. Porém, atenção: não se sinta desestimulado se o seu cérebro não estiver no mesmo nível do de Einstein. Por Q.I., quero dizer "quociente de implementação". Nesse caso, Q.I. representa a diferença entre ter uma boa idéia e implementá-la.

Quantas boas idéias morrem por falta de ação e de persistência da nossa parte? Saber que poderíamos ter feito alguém mais feliz e termos feito, de fato, alguém mais feliz são duas coisas radicalmente diferentes.

Uma maneira de melhorar o Q.I. é ir colocando as boas idéias no papel à medida que elas forem surgindo e, depois, inseri-las na lista de afazeres diários. Às vezes, a falta de ação decorre de uma memória ruim. Aquilo que escrevemos é mais fácil de ser lembrado e tem mais chances de produzir uma ação concreta.

Aproveite as melhores idéias

As boas idéias estão em toda parte à sua volta. Procure saber o que as melhores pessoas estão fazendo. Observe e aprenda. Depois adapte e coloque em prática.

O mais importante é partir para a prática. Caso se limite a copiar o que as pessoas competentes estão fazendo, você apenas se sairá tão bem quanto elas. O segredo está em adaptar: extrair boas idéias de todas as fontes e, em seguida, aplicá-las com seu próprio toque pessoal.

Você pode aprender com os Freds do mundo: pessoas de outros departamentos, de organizações diferentes, de áreas diversas e até de outros países. Se as idéias observadas não se ajustarem exatamente ao seu caso, faça as devidas adaptações e assim se torne realmente inovador, em vez de se restringir a reproduzi-las.

Pratique o plano "um por dia"

Uma boa notícia: você não precisa fazer absolutamente todas as coisas de um modo fora do comum. Se tentar agir assim, ficará empacado antes mesmo de sair de casa pela manhã.

O ato de transformar algo banal em extraordinário deve se aplicar a uma coisa por dia. Se você fizer apenas uma ação desse tipo diariamente, seja em casa, seja no trabalho, sete dias por semana, 52 semanas por ano (até mesmo durante as férias), sua vida logo se transformará num livro de recordes de acontecimentos incomuns.

Ao contrário do que algumas pessoas possam pensar, executar um ato extraordinário por dia é um objetivo inteiramente possível de atingir. Dezenas de ações fora do comum por dia? Isso, sim, seria algo irrealista. Mas tomar pelo menos uma iniciativa desse tipo está ao alcance de qualquer pessoa. Comece com alguma coisa que você sabe que está capacitado a realizar. À medida que continuar a se reinventar, aprimore a estratégia "um por dia", acrescentando mais ações. Em todo caso, adote a meta mais simples como ponto de partida.

Pense em atitudes como:

- fazer uma observação por dia dirigida a uma pessoa de quem você gosta, expressando toda a consideração que tem por ela para enriquecer seu relacionamento;
- atingir um desempenho excepcional por dia para atrair o tipo de atenção apropriado por parte do seu supervisor; ou
- realizar um gesto inesperado de gentileza por dia para conduzir a vida de outra pessoa numa direção positiva.

Com o tempo, o princípio "um por dia" acabará por transformar sua vida comum numa vida extraordinária – e também fará a mesma coisa pelos outros.

Trave uma disputa consigo mesmo

Costumamos nos comparar com as pessoas. Queremos saber como está nosso desempenho em relação ao de alguém à nossa volta. Somos melhores ou piores, mais ou menos competentes, mais rápidos ou mais lentos? Embora não haja exatamente nada errado nessa atitude, esse é o tipo de comportamento que pode nos deixar malucos. A realidade é que sempre existirá alguém capaz de realizar mais ou menos do que nós. Teremos condições de conviver com esse jogo se escolhermos cuidadosamente com quem ou com o que estamos nos comparando.

Será bem mais produtivo e divertido se você se comparar e competir consigo mesmo. A meta é um contínuo aperfeiçoamento. Reinvenção é realizar mudanças positivas. Procure avaliar seu aprimoramento considerando a distância que já percorreu e aonde deseja chegar.

Tome como referência para seus esforços a determinação de agir como um Fred. Acompanhe (não é preciso contar pontos) as coisas comuns que você tem procurado tornar extraordinárias, assim como os resultados que elas produzem. Esteja sempre alerta para encontrar maneiras de conduzir o jogo para a etapa seguinte.

O "efeito marola"

Eu havia acabado de falar para um grupo reunido no campo do estádio Georgia Dome, em Atlanta. A IBM, promotora daquele evento especial, alugara as instalações para o encontro. Os participantes, um grupo de 100 *web designers* altamente criativos, pareceram gostar da minha palestra.

Depois que terminei de conversar com alguns ouvintes, um homem que estava perto da entrada do campo aproximou-se de mim e disse: "Sou um dos motoristas dos ônibus. Os organizadores nem se preocuparam em nos convidar para sua apresentação, mas, mesmo assim, fiquei ouvindo lá no fundo. Gosto de assistir a palestras e de ter contato com novas idéias. Quero que saiba que você me encorajou de verdade. Eu sou inventor. Criei um banco acolchoado que as pessoas podem usar ao se sentarem na arquibancada de um estádio como este. E concordei com praticamente tudo o que você disse. Suas palavras me estimularam a continuar tentando."

A empresa promotora do evento ficou muito satisfeita com a apresentação que fiz naquele dia. Mas minha maior recompensa não veio disso nem do cachê, e sim do feedback que recebi de uma pessoa que havia aprovado minha palestra e que nem sequer fora convidada a estar ali.

É possível que você esteja produzindo uma forte impressão em alguém sem ter a mínima idéia disso? Precisamos estar conscientes não apenas dos efeitos primários daquilo que fazemos como também das conseqüências secundárias, que são responsáveis pelo "efeito marola". Assim como as ondulações concêntricas provocadas por uma pedra atirada na água, essas conseqüências acabam por alcançar um número muito maior de pessoas do que aquelas que estão na nossa presença.

Nunca se sabe quem está vendo e ouvindo. Parafraseando Shakespeare, "nossa vida é representada num palco".

Os Freds realizam-se com sua paixão por dar um sentido à vida. Eles se destacam não pelos resultados que obtêm, mas pela maneira como afetam as pessoas.

Bob Briner, ex-presidente da ProServe e autor de muitos livros, destacou-se por dedicar a vida a servir. Sua marca registrada era perguntar a clientes, amigos e colegas de que modo lhes poderia ser útil. Não era uma pergunta vazia – ele realmente trabalhava duro para prestar uma contribuição às pessoas.

Poucos dias antes de ser vencido por um câncer, Bob recebeu a visita do músico Michael W. Smith. Apesar de se sentir enfraquecido e frágil, reuniu forças para fazer ao amigo uma última pergunta: "Como posso ser útil a você?"

Bob Briner era um Fred.

Não importa quem são os Freds – líderes formais, empresários, colaboradores, membros da família, amigos –, eles exercem um forte impacto em todos por causa do seu exemplo. Seus esforços inspiram outras pessoas, tanto direta quanto indiretamente. Esse é um dos melhores motivos que conheço para que estejamos sempre procurando nos reinventar.

PARTE 3
Formando outros Freds

A 10 minutos de carro da minha casa há duas lojas enormes de utensílios domésticos conhecidas pelos seus preços baixos. Ambas têm uma incrível variedade de produtos, mas o atendimento que prestam é medíocre. É por isso que raramente as freqüento.

Também a 10 minutos de onde moro, há uma loja menor, com provavelmente 1/4 do tamanho das suas imensas rivais. Ainda que os preços nesse estabelecimento sejam competitivos, nunca espero encontrar ali as melhores ofertas do mercado.

Mas não me importo com isso porque na equipe de atendimento dessa pequena loja só existem Freds. Não sou do tipo que precisa apenas de coisas como equipamento para irrigar o jardim ou peças para consertar o encanamento: sou um bom cliente porque vivo atrás de soluções para desastres domésticos.

Quem entra nessa loja encontra já na porta atendentes prestativos e que entendem do assunto. Se eles não têm a resposta para suas perguntas, sabem quem da equipe pode indicar o caminho das pedras. Nunca dizem ao cliente onde encontrar a "rebimboca da parafuseta" – vão com ele até o lugar exato onde o objeto desejado está. E costumam fazer perguntas suficientes para descobrir se o que a pessoa está querendo comprar é de fato aquilo de que necessita.

Essa loja é um exemplo do que acontece quando uma organização é povoada com Freds.

Talvez este seja um dos segredos para se competir com sucesso: contar com colaboradores no Estilo Fred em todos os níveis da empresa.

Então, onde consegui-los? Numa era de alta rotatividade de mão-de-obra e na qual a fidelidade do cliente é um artigo cada vez mais raro, formar Freds deveria ser uma prioridade absoluta em todo ramo de negócio. Ter pessoas assim como colaboradores e como líderes numa organização fará com que ela se destaque como uma empresa fora do comum.

Se todas as companhias têm acesso às mesmas informações e aos mesmos consultores, treinamentos, sistemas de incentivo, prêmios e benefícios, por que algumas delas decolam e outras afundam? A diferença não está nas coisas – processos, funções e estruturas –, mas nas pessoas. Colaboradores sem inspiração raramente realizam um trabalho inspirado.

É diferente quando pessoas entusiasmadas, dominadas por uma paixão, estão em cena. Elas realizam as tarefas comuns, só que extraordinariamente bem. Mesmo que algumas das suas idéias sejam apenas medianas, ainda assim são úteis.

Os clientes não têm relacionamentos com organizações – eles estabelecem relações com indivíduos. Colaboradores motivados e envolvidos por esse tipo de paixão – sejam vendedores, técnicos ou especialistas em manutenção – estão constantemente mostrando o compromisso que têm com essas pessoas. Eles fazem isso manifestando um imenso entusiasmo por seu trabalho. Por esse motivo, os Freds sempre realizam mais do que seus colegas que demonstram indiferença por sua própria atividade e, assim, se saem melhor na hora de vencer desafios com recursos limitados.

Não causa surpresa o fato de os Freds serem em geral mais felizes, pois as pessoas que executam seu trabalho com eficiência se sentem bem e aquelas que fazem um trabalho excepcional se sentem, digamos, *extraordinariamente* bem. A realização que alcançam contribui de modo significativo para sua satisfação.

Como você pode formar Freds? Os próximos quatro capítulos vão detalhar os seguintes passos: encontrar, recompensar, instruir e demonstrar.

Simples? Sim. Fácil? Não.

Mas quem disse que era fácil ser extraordinário ou encontrar e formar pessoas extraordinárias?

OITO

Encontrar

Há algo muito mais escasso, muito mais sutil
e mais raro de encontrar do que a capacidade.
É a capacidade de reconhecer a capacidade.
– ELBERT HUBBARD

Os Freds nascem prontos ou são formados?

Certamente algumas pessoas já nascem com a predisposição para serem Freds. Outras podem não ter essa orientação originalmente, mas, com o tempo, acabam por aprender a se comportar assim. Há também aquelas que podem acrescentar à sua disposição natural um esforço deliberado para terem um perfil ainda mais parecido com o dos Freds.

Em todo caso, quanto mais Freds você atrair para sua organização ou equipe, mais bem-sucedido será. Antes de eu explicar como ajudar as pessoas a adotar mais intensamente esse estilo, vamos dar uma olhada em algumas maneiras de encontrar os Freds que já estão por aí.

Há três formas básicas de você procurar Freds, tanto dentro quanto fora da sua empresa.

Deixe que eles encontrem você

Sua organização funciona como um ímã em relação aos Freds? Se você de fato deseja que sua empresa seja uma companhia de nível internacional, ela deve ser o tipo de lugar que atrai Freds.

De acordo com Dale Dauten, autor de *The Gifted Boss* (O supervisor de talento), as pessoas querem trabalhar em organizações e para administradores que lhes ofereçam uma mudança e uma chance. A mudança é a oportunidade de atuarem numa empresa que reconheça, recompense, estimule e valorize Freds. A chance é a de se tornarem melhores do que jamais foram.

Esses são os fatores que a maior parte dos Freds deseja e procura.

Mas esta é a questão principal: caso você ainda não conte com alguns Freds motivados e entusiasmados fazendo coisas excepcionais para seus clientes, sua empresa não está sendo vista como um lugar estimulante para se trabalhar. Se os seus colaboradores voltam para casa no fim do dia e não falam para a família e para os amigos sobre o lugar incrível em que trabalham, não confie no boca-a-boca para ser soterrado sob uma avalanche de candidatos a Fred.

Às vezes, você tem a oportunidade de recrutar colaboradores excelentes de outros departamentos. Pode ser que eles estejam se sentindo oprimidos por seu supervisor ou por sua situação atual e queiram encontrar um lugar onde possam mostrar todo o seu potencial – onde tenham condições de desenvolver suas habilidades e demonstrar do que são capazes.

Transforme sua área num oásis de Freds. Supervisores de grande competência já me disseram muitas vezes que recrutaram os melhores membros de sua equipe de outros departamentos onde esses profissionais não eram devidamente valorizados.

Descubra Freds em potencial

Muitas vezes, encontrar Freds não é mais difícil do que trazer à luz os talentos latentes daqueles que já trabalham conosco.

Lembra-se da época em que todas as empresas só pensavam em reduzir seus quadros de funcionários? Com certeza, em alguma medida aquilo era necessário, mas sempre tive a impressão de que, em grande parte, aquele processo não passava de uma solução rápida e impensada. Os administradores acreditavam que era mais fácil abrir mão dos colaboradores do que liberar seus talentos e suas habilidades. O que teria acontecido se eles tivessem se dado ao trabalho de revelar as contribuições que os colaboradores poderiam dar para justificar seu lugar na empresa?

Muitos profissionais são "carregados com munição" para transformar o comum em incomum, mas ninguém descobriu como "disparar o gatilho".

Freqüentemente, encontrar um talento nada mais é do que revelar algo que está escondido. Quando você confiar tempo – o bem mais precioso – aos seus colaboradores para que eles mostrem suas habilidades, verá quantos Freds existem na organização.

Existem técnicas que permitem identificar Freds em potencial? Pelo menos em teoria, todas as pessoas têm capacidade para transformar o comum em extraordinário. Mas o tipo de indivíduo ao qual estou me referindo apresenta uma inclinação natural para fazer isso. A sugestão mais prática que posso lhe dar é que fique atento. Repare nas pessoas que têm o dom para realizar certas coisas (não confundir com as que ficam se exibindo ou querendo chamar atenção). Um projeto excepcionalmente bem-feito, a excelente organização de um encontro com um cliente ou mesmo uma sugestão inteligente, todas essas coisas podem ser indícios de que há um Fred em potencial bem à sua frente.

Contrate Freds

Quando você tiver esgotado a "reserva de Freds" em potencial existente no seu próprio quintal, precisará saber como identificar um possível Fred numa entrevista. Veja o que perguntar a essa pessoa:

- Quem são seus heróis? Por quê?
- Por que alguém realizaria mais do que o necessário?
- Diga três coisas que, na sua opinião, fariam com que a maior parte dos clientes/consumidores/usuários se sentisse feliz.
- Qual a melhor coisa que já lhe aconteceu no papel de cliente?
- Qual é o significado de serviço?

Agora, veja algumas perguntas que você mesmo deve se fazer a respeito de um Fred em potencial:

- O que ficou particularmente na minha lembrança a respeito dessa pessoa?
- Qual a coisa mais extraordinária que ela já fez?
- Que falta exatamente faria essa pessoa se ela abandonasse sua posição atual?

Forme sua equipe de Freds

O que você consideraria melhor: (a) uma equipe de funcionários comuns liderada por um Fred ou (b) uma equipe de Freds comandada por um líder comum?

Tudo bem, admito que essa pergunta é uma armadilha. A solução, pelo menos para mim, é "nenhuma das duas respostas". Quero uma equipe de Freds liderada por um Fred. Somente quando comandantes e comandados compartilham os mesmos valores e o mesmo sentido de compromisso é que uma organização consegue maximizar o potencial do Estilo Fred.

Existem muitas pessoas do tipo Fred no mercado de trabalho. O desafio é encontrá-las. A solução é descobri-las, atraí-las e contratá-las. Cada uma dessas etapas requer estratégias ligeiramente diferentes, mas complementares. Com o passar do tempo, você poderá montar uma equipe vencedora formada por Freds.

NOVE

Recompensar

Ninguém consegue enriquecer sem fazer com que outras pessoas fiquem ricas também.
– ANDREW CARNEGIE

O Dr. Michael LeBoeuf, em *The Greatest Management Principle in the World* (O principal princípio de administração no mundo), resume essa questão de uma forma bem clara quando diz que não obtemos o comportamento que esperamos, nem o que pedimos, nem aquele pelo qual imploramos. Nós conseguimos o comportamento que recompensamos.

O Dr. LeBoeuf explica mais detalhadamente também que tudo depende de reconhecermos a atitude correta e utilizarmos as recompensas certas. A seguir, exemplos de como isso funciona.

O garoto da lanchonete em Atlanta

Esta história instrutiva e comovente me foi contada por Jim Cathcart, escritor e diretor executivo do Instituto Cathcart.

"Há alguns anos, durante uma viagem, eu estava de passagem pelo aeroporto de Atlanta, na Geórgia. Parei numa lanchonete para comer alguma coisa no café da manhã e me vi ao lado de centenas de viajantes que também tinham ido ali fazer a mesma coisa. O lugar estava lotado. Havia muitas pessoas de pé próximas às mesas, esperando conseguir se sentar assim que vagasse um lugar.

Enquanto estava bebendo meu café e comendo um pão, vi que um rapaz limpava as mesas. De aspecto triste, ele estava encurvado, parecendo deprimido e transmitindo uma sensação de derrota. Arrastava-se lentamente de uma mesa para outra, retirando a sujeira e passando um pano para finalizar. Ele não olhava nos olhos de ninguém. Só de vê-lo assim, comecei a ficar deprimido também.

Aquilo me tocou fundo e eu disse a mim mesmo: 'Alguém tem que tomar uma atitude em relação a isso.' E foi o que fiz. Joguei fora meu prato e meu copo de papel e caminhei na direção do rapaz. Toquei no seu ombro (o que fez com que ele pulasse, como se tivesse sido flagrado cometendo um crime).

– Pode ter certeza de que o que você está fazendo é importante – eu disse.

– Hum? – ele respondeu.

Repeti o que havia dito e acrescentei:

– Se você não estivesse limpando as mesas, não levaria nem cinco minutos para que uma montanha de lixo se acumulasse por toda parte. Na mesma hora, as pessoas parariam de vir aqui. Seu trabalho é importante, e quero lhe agradecer por isso. – Depois me afastei.

O rapaz parecia em estado de choque. (Talvez ninguém jamais tivesse falado com ele daquela maneira.) Após andar por uns 10 metros, eu me virei e olhei para ele. Durante o tempo que levei para percorrer essa curta distância, garanto que ele cresceu uns 15 centímetros! Estava menos encurvado, quase sorrindo e até mesmo olhando algumas pessoas nos olhos. Não é que ele tivesse se transformado no funcionário do mês, espalhando alegria e gentilezas à sua volta. Simplesmente passou a trabalhar com um pouco mais de eficiência e já não parecia deprimido.

Minha contribuição para aquela situação como um todo foi banal. Meu comentário não mudou o mundo... ou mudou? Ao simplesmente destacar como a atividade que aquele rapaz estava realizando afetava outras pessoas, eu acrescentei dignidade ao seu trabalho. O mero fato de ter reconhecido seu valor fez com que ele melhorasse a opinião que tinha de si mesmo naquele papel."

Adoro essa história de Jim (que, aliás, se comportou como um perfeito Fred) porque ela ilustra um princípio fundamental: *quando não vemos muito sentido naquilo que fazemos, não acrescentamos muito valor àquilo que fazemos.*

Jim ajudou aquele rapaz a ver a importância da sua ocupação dentro de um quadro mais amplo. E isso não foi tudo. Ao longo daquele dia de trabalho, o garoto provavelmente esteve em contato com centenas de pessoas, todas elas partindo para outros lugares onde iriam interagir com um número ainda maior de indivíduos. Certamente, sua auto-estima, então elevada, "contaminou" os viajantes à sua volta, e essas vibrações positivas acabaram chegando a locais mais distantes. É isso o que acontece quando o Estilo Fred está em plena ação: mesmo os menores gestos podem transformar o mundo num lugar melhor.

A intenção também conta

É tão importante recompensar uma pessoa por suas boas intenções quanto por suas realizações extraordinárias. Mesmo que ninguém goste de fracassar, é muito mais significativo para um colaborador saber que, se ele correr riscos para fazer a coisa certa, obterá uma recompensa, e não uma punição. É impossível marcar sempre um gol de placa. (Na realidade, os artilheiros, por se arriscarem a chutar em direção ao gol, costumam mandar mais bolas para fora do campo do que a média dos jogadores.) Quando as pessoas sentem que sua contribuição não está sendo plenamente valorizada, elas param de tentar. Se isso acontece, o espírito de inovação morre.

Coloque em prática sua estratégia de recompensa

Dê uma boa olhada à sua volta na empresa ou nas áreas em que você tem influência. Recompensar as pessoas não é algo tão difícil de colocar em prática. Tudo o que você precisa fazer com regularidade é:

- Certificar-se de que todos os integrantes da sua equipe saibam que estão dando uma contribuição importante ou que têm capacidade de prestar essa colaboração.
- Dizer a eles que tipo de diferença estão fazendo. Seja específico. Mencione o aumento na produção, nas vendas e nos serviços; elogios vindos de fora da empresa; sugestões inteligentes; motivação e entusiasmo crescentes – tudo e qualquer coisa que seja relevante.
- Assegurar-se de que o retorno positivo pelos esforços deles seja a regra, e não uma exceção.

- Criar um prêmio. Examine a possibilidade de dar um troféu, uma placa ou até mesmo uma pequena quantia em dinheiro como reconhecimento. Não estabeleça um valor alto demais para que isso não pareça uma "propina Fred". Faça com que compartilhar essa recompensa de modo concreto seja algo divertido. Pense na possibilidade de conceder mais prêmios Fred todo mês no caso de muitas pessoas merecerem.
- Fazer com que o líder (presidente, diretor) da sua organização reconheça pessoalmente o valor dos Freds. Peça-lhe que envie um bilhete ou que telefone, de modo que o colaborador saiba que sua contribuição foi registrada e valorizada.

Lembre-se da fórmula da recompensa e procure aplicá-la sempre: reconheça uma contribuição, reforce seus efeitos positivos sobre o negócio e repita a dose. E não se esqueça de que fazer um elogio sincero por uma tentativa – tanto por escrito quanto de viva voz, tanto em público quanto em particular – é uma das melhores recompensas.

DEZ

Instruir

Quanto mais brilhante você for, mais terá o que aprender.
– DON HEROLD

Quando você pensar sobre a instrução e o treinamento que os colaboradores ou outras pessoas sob sua supervisão recebem, tente verificar exatamente o que está sendo ensinado e se essas orientações estão sendo bem transmitidas.

Se as pessoas aprendem apenas conceitos e procedimentos comuns, elas só saberão como ser *comuns*. Todas as organizações no mundo hoje deveriam estar ensinando a seus colaboradores a ser *fora do comum*.

De modo geral, gerentes e líderes costumam adotar os conceitos que descrevo no decorrer deste livro ou, pelo menos, *dizem* que fazem isso. Curiosamente, no entanto, nem sempre vejo administradores e organizações tentando ensinar os princípios apresentados aqui.

Parte da filosofia do Estilo Fred consiste em se divertir. É isso que torna o trabalho interessante e emocionante não apenas para as pessoas que o estão executando como também para clientes e colegas de equipe. Na verdade, o que estou sugerindo é que ensinemos deliberadamente às pessoas a se comportarem como um Fred.

Um benefício extra proporcionado pela transmissão desses conceitos é que isso transformará você num gerente ou num líder melhor e também numa pessoa melhor. Ao longo do processo, você mesmo vai aprimorar sua instrução no Estilo Fred – o conjunto de habilidades que desenvolveu. Veja como fazer isso.

Encontre exemplos em toda parte

No que você presta atenção durante as férias? Se é um fotógrafo, estará mais atento a oportunidades de fazer boas fotos. Caso seja músico, provavelmente ficará mais ligado na música que está sendo tocada naquele lugar. Ou seja: são seus interesses que determinam o objeto da sua atenção.

À medida que seu interesse pela arte de desenvolver o extraordinário em si mesmo e nos outros for aumentando, você ficará mais atento aos exemplos ao seu redor. Não apenas verá pequenas coisas serem feitas de um modo fora do comum como perceberá exemplos de comportamentos opostos ao de um Fred. Nesses momentos, talvez pense: "Aí está uma grande demonstração do que não se deve fazer!"

Registre por escrito todas as idéias e todos os exemplos que identificar. Se os encontrar em suas leituras, destaque esses trechos. Recorte artigos de jornal que forem relevantes. Coloque tudo isso numa "pasta Fred". Logo terá reunido os casos mais ilustrativos que você poderia imaginar para um treinamento, pois eles não são abstratos nem foram planejados. Nada inspira mais as pessoas do que exemplos colhidos de uma experiência direta ou extraídos da vida real.

Estimule sua equipe a também colecionar exemplos. Comece e termine reuniões com a pergunta: "Quem tem um exemplo Fred para compartilhar?" Transforme esse hábito numa competição amigável em torno de um prêmio. Você pode até colocar o nome do vencedor da semana num local onde todos possam ver.

Disseque as idéias e faça um balanço delas

Geralmente, uma mudança positiva não se mantém a menos que sejamos capazes de compreender por que ela deu resultado. Mesmo os melhores exemplos podem perder o impacto se não entendermos exatamente o que aconteceu.

Dissecar uma idéia e fazer um balanço dela permite atingir quatro objetivos: (1) identificar a boa idéia atrás do exemplo, (2) adaptá-la à sua situação, (3) buscar meios de aprimorá-la e (4) reconhecer as oportunidades para aplicá-la.

O processo ocorre mais ou menos assim:

A boa idéia. Como você se sentiu a respeito dela? Por que a considerou um exemplo positivo? O que seria um exemplo do que *não* se deve fazer? Qual é o conceito básico em discussão?

Adaptar a idéia à sua situação. Será que isso daria certo com você? Como essa idéia poderia funcionar no seu caso? O que você teria que fazer ou mesmo executar de modo diferente para tirar proveito desse exemplo?

Buscar meios de aprimorar a idéia. O que tornaria essa idéia ainda melhor? O que você faria de outra forma? O que poderia acrescentar ou alterar para que os clientes gostassem ainda mais dessa idéia?

Oportunidades para aplicar a idéia. Quando você poderia usar essa idéia? Onde? Com quem? Quando vai começar?

Ensine a fazer milagres

Meu amigo e companheiro de conferências Don Hutson tem uma contribuição importante a dar sobre as ações e reações de indivíduos e organizações que fazem "milagres" pelos outros. Ele pergunta: "Quando é que esses milagres costumam acontecer?" Resposta: durante uma crise. É verdade que não existe nada como um momento difícil para despertar nossa atenção e nos fazer superar nosso desempenho.

Mas essa não é a questão central. A mensagem de Don é mais importante: não espere pela crise, faça milagres com regularidade. Ele conclui corretamente que a maior parte desses "milagres" é realizada por indivíduos com um grande coração, que se importam realmente com os outros – e isso, é interessante destacar, descreve com exatidão o tipo de pessoa que compreende o Estilo Fred.

Você espera fazer milagres regularmente ou está guardando esse desempenho extraordinário para uma crise? Ensine o Estilo Fred como uma maneira de realizar milagres todos os dias. (O tamanho do milagre é menos importante do que sua freqüência.)

Puxe em vez de empurrar

Você não conseguirá impor a ninguém a decisão de se tornar um Fred. Também não poderá exigir que uma pessoa pratique esse estilo. Mesmo que tente fazer isso, não vai adiantar. A tática de comandar e controlar destrói o espírito do Estilo Fred, que tem tudo a ver com oportunidade, e não com obrigação.

Veja o que você pode fazer: convide as pessoas a se unirem a você. Em outras palavras, puxe em vez de empurrar. Use o entusiasmo e o sentido de comprometimento para conquistar sua participação e seu envolvimento. A ferramenta mais poderosa com que você conta para difundir o Estilo Fred por toda a empresa é seu próprio comportamento – o exemplo da sua vida e o efeito que ele exerce sobre os outros.

Os melhores instrutores dos princípios Fred são Freds eles mesmos. Eles recorrem a esses conceitos e práticas para ensinar, treinar e formar pessoas. Afinal, como diz John Maxwell: "Você ensina o que sabe, mas reproduz quem você é."

ONZE

Demonstrar

Você pode fazer um sermão melhor com sua vida do que com seus lábios.
– OLIVER GOLDSMITH

Você tem algum amigo ou conhecido que, graças ao seu exemplo de vida, lhe serve de inspiração?

Tenho um amigo que mora numa cidade aonde eu e minha mulher vamos de vez em quando para visitar parentes. Ele é a própria encarnação do cavalheiro. Um homem de negócios altamente bem-sucedido, de muito bom gosto, que pilota seu próprio avião, além de ter uma casa que, com seus móveis, causa uma ótima impressão. No entanto, apesar de toda a pompa e circunstância decorrentes do sucesso, ele continua a ser o mais humilde e sincero dos seres humanos.

Sempre que estou nessa cidade, faço questão de almoçar com esse amigo. Quando sabe que estou me preparando para ir até lá, ele nunca deixa de perguntar: "Há alguma coisa que eu possa fazer por você quando estiver aqui?"

Não é essa a pergunta fundamental que os Freds de todo o mundo fazem, seja em voz alta, seja silenciosamente, às pessoas que eles conhecem e a quem prestam serviços?

Alguns podem até fazer essa pergunta da boca para fora, por mera formalidade, mas, pelo temperamento e pelo comportamento do meu amigo, sei que está falando realmente a sério. Se eu dissesse que preciso de um carro para circular por lá, tenho certeza de que ele deixaria um dos seus comigo ou que encontraria um veículo que pudesse tomar emprestado. Esse é o tipo de pessoa que ele é.

Porém, meu amigo faz mais do que se colocar à disposição para que minha estada se torne mais agradável. Ao agir dessa forma, ele me estimula a assumir uma atitude semelhante à sua, a me esforçar para ser o tipo de pessoa que ele é. Ainda que nunca tenha me dado conselhos nem me orientado sobre como ser útil aos outros ou como ter o Estilo Fred, ele contribuiu muito mais do que qualquer outra pessoa que conheço para despertar em mim o desejo de ser desse jeito.

A inspiração que meu amigo me proporciona vem do seu próprio exemplo de vida.

A pergunta mágica

O que você poderia fazer para dar um exemplo e inspirar seus colaboradores a prestar um atendimento melhor a clientes e colegas de equipe?

Conheça quatro sugestões simples:

1. Procure ser uma inspiração, mas não intimide. Quando compartilho a história de Fred, o Carteiro com o públi-

co das minhas palestras, a reação que mais me agrada é a seguinte: "Genial! Eu poderia fazer isso também!" Se eu passasse a impressão de que Fred tem algo de super-homem ou que é um ser humano que já nasceu extraordinário, isso acabaria intimidando as pessoas. Fred serve de inspiração para todos nós porque é um indivíduo comum fazendo um trabalho comum.

O exemplo que você fornecer deve ser sensato e completamente viável. Caso ele dê a impressão de ser um fruto da engenharia genética programado para atingir um desempenho excepcional, as outras pessoas, que não possuem esse DNA extraordinário, nem se darão ao trabalho de tentar.

2. Envolva os outros. Esta é uma idéia radical para você pensar a respeito: *ser Fred em equipe*. Não existe regra dizendo que uma equipe não pode empregar o Estilo Fred e se beneficiar dele.

Há muitos anos, um amigo meu ficou sabendo de uma família que não tinha dinheiro para preparar uma boa ceia de Natal. Então, ele providenciou todos os produtos e mandou entregar na casa dessa família na véspera do feriado.

No Natal seguinte, ele me convidou a imitar sua atitude, fazendo uma boa ação do mesmo tipo. Foi um gesto gratificante. A partir da noite de Natal do ano seguinte, eu passei a convidar outras pessoas a repetir essa iniciativa.

Essa é a força que surge do ato de envolver alguém num esforço. É muito mais eficaz do que sugerir ou pedir.

O que você pode fazer para conseguir a participação das pessoas em atos no Estilo Fred?

3. Comece. Não espere pelo "momento certo". Ele nunca vai chegar. Descarte a idéia de aguardar até que outra pessoa dê o primeiro passo. Talvez alguém faça isso, porém é pouco provável. Não fique à espera da "oportunidade ideal". Simplesmente aproveite uma chance e torne-a a mais perfeita possível.

Você pode vir a ditar o ritmo de um desempenho extraordinário na sua empresa, mas isso só acontecerá quando der o primeiro passo. Isto é, quando agir. Com ousadia. Rapidamente.

Seja modesto a respeito dos seus motivos, mas não do seu exemplo. Não aja como um Fred para obter reconhecimento. Faça isso para estimular a participação. Quando damos o primeiro passo, somos a fagulha que incendeia os outros.

4. Improvise. Se eu quisesse passar um dever de casa que fosse capaz de transmitir da melhor forma o Estilo Fred, ele consistiria numa ida a um show desses comediantes que baseiam suas apresentações na improvisação. A beleza dessa técnica está no fato de provar que é possível transformar qualquer circunstância em algo engraçado. Da mesma forma como acontece na vida, não é a situação que determina o resultado, e sim quem está participando dela.

Trabalhe com aquilo que a vida lhe oferece. Pode ser que você se transforme num exemplo positivo não por causa da situação em que está, mas a despeito dela.

Mesmo que você tenha a ocupação mais sem perspectiva do planeta, isso não deve impedir que se esforce para estar sempre reinventando seu próprio trabalho e a si mesmo. Durante o processo de improvisar, isto é, de tentar coisas novas para ver se funcionam, você provavelmente acabará aperfeiçoando seu desempenho (ou relacionamento ou situação). E, esteja certo, ainda que não consiga, pelo menos não vai morrer de tédio.

Esqueça este antigo ditado tolo: os que sabem fazem, os que não sabem ensinam. Essa afirmação não apenas deprecia e insulta os profissionais da área de instrução e treinamento como, com algumas exceções, simplesmente não é verdade.

A realidade? Os que fazem melhor ensinam melhor. O homem ou a mulher que pode ensinar uma lição com sua vida exerce um poderoso impacto sobre os outros.

Quando aqueles que sabem têm a capacidade de mostrar, os que aprendem têm a capacidade de crescer. É nisso que consiste uma boa instrução no Estilo Fred.

Dissemine o efeito Fred

Acredito que a esta altura você já esteja certo de que deseja ser um Fred. Conheça três maneiras de ajudar a fazer do mundo um lugar cheio de pessoas assim:

1. **Reconheça os Freds na sua vida.** Reexamine toda a sua vida. Que pessoas no Estilo Fred – parentes, professores, religiosos, amigos, etc. – têm feito a maior diferença para você? Talvez seja alguém que você encontrou no trabalho ontem. Seja lá quem for e seja lá quando isso tenha acontecido, não deixe de valorizar as coisas extraordinárias que vem recebendo delas.

2. **Valorize os Freds por sua contribuição.** Depois de identificar as pessoas que têm assumido o papel de Fred na sua vida, faça com que elas saibam quanto você aprecia seus esforços.

Escreva uma carta ou um bilhete para cada uma delas. Mandelhes uma lembrança. Se preferir um reconhecimento público, redija uma carta de agradecimento que possa ser publicada num jornal ou revista. É importante que essas pessoas estejam cientes de que são valorizadas e apreciadas.

3. Recompense os Freds. A única coisa melhor do que o reconhecimento é a ação. Opte por fazer algo fora do comum e dedique isso a alguém que lhe serviu de inspiração. A melhor recompensa é passar adiante esse sentimento.

Fred, o Carteiro deu início a uma reação em cadeia, começando com minha vida e a dos meus clientes. Ele afetou centenas, senão milhares, de indivíduos, uma vez que compartilhei sua história. Mas pense nas pessoas que devem ter exercido um impacto positivo sobre ele. Na verdade, a reação em cadeia surgiu muito antes de Fred começar a entregar a correspondência na minha rua.

Usar o Estilo Fred não vai curar resfriados nem estabelecer a paz mundial, mas levará conforto à vida de muitas pessoas e criará um sentimento de paz no lugar em que você vive.

Não é maravilhoso saber que você tem a capacidade de mostrar a outros como transformar o comum no extraordinário?

PARTE 4

Amor em nome de Fred

DOZE

Fred hoje

Nós somos o que fazemos repetidas vezes.
Portanto, a excelência não é um ato, mas um hábito.
– ARISTÓTELES

Volta e meia me perguntam sobre Fred. Onde ele está hoje? O que anda fazendo?

Enquanto escrevo estas linhas, Fred continua a desenvolver seu trabalho fantástico como entregador de cartas em Denver.

O Correio dos Estados Unidos lhe prestou uma homenagem por seu tempo de serviço com uma cerimônia especial na agência em que ele é lotado. Tive o privilégio de falar aos seus colegas de trabalho.

Ele estava lá com a mulher, Kathie, e outros membros da família. Seus colegas se sentiam extremamente orgulhosos dele e do tributo que lhe estava sendo dedicado. Depois de tantos anos falando a várias platéias a respeito de Fred, fiquei satisfeito ao vê-lo finalmente receber do seu empregador o reconhecimento formal que tanto merecia – o reconhecimento que os usuários do seu serviço já vinham lhe proporcionando em doses generosas ao longo de todo esse tempo.

Uma emissora de TV de Denver cobriu o evento e transmitiu a matéria especial sobre Fred no noticiário noturno. A câmera o mostrou fazendo o trajeto que ele percorre para entregar a correspondência. A reportagem incluiu curtas entrevistas com alguns dos seus "clientes", que, de forma unânime, expressaram sua admiração e seu agradecimento.

Os telespectadores ficaram sabendo que eu tinha feito o discurso em homenagem a Fred e que também havia escrito a respeito dele. Pouco depois, recebi um grande número de telefonemas e e-mails sobre isso. A mensagem mais comum era: eu também conheço Fred, e você tem razão: ele é fantástico!

Uma senhora que vivia na área atendida por Fred me ligou para contar sua história. Ela havia morado em Washington Park durante muitos anos e criara a filha sem ajuda de ninguém. Fred foi quem entregou sua correspondência ao longo de todo aquele tempo.

A mãe dessa senhora estava na cidade de visita e, como acontece algumas vezes com as avós, ela era bastante enfática ao manifestar sua desaprovação sobre a maneira como a neta – agora já crescida – tinha sido criada. Essa atitude aborreceu aquela senhora. Quando Fred caminhou para a varanda da casa naquele dia para lhe entregar as cartas, ela se sentiu à vontade o bastante com ele para desabafar um pouco.

Quando Fred ouviu a história, foi categórico: "Eu vi você criar sua filha, da menininha que era até à mulher adulta de hoje, e sei que tem sido uma mãe maravilhosa. Agora ela é uma pessoa incrível, e você não tem do que se sentir culpada. Possui motivos de sobra para ficar orgulhosa do que conseguiu fazer."

Ouvir palavras como aquelas foi algo que salvou o dia daquela senhora. Tudo de que ela precisava para deixar de se sentir arrasada e ficar feliz com seu desempenho de mãe era um pequeno estímulo vindo de alguém que conhecia e em quem confiava. Essa pessoa foi Fred, seu carteiro.

Para ele, essa senhora não era apenas uma usuária do serviço de correio. Ao longo do tempo, Fred foi construindo uma amizade que fez com que essa mãe se sentisse à vontade confiando nele. Quando ela se viu numa situação em que necessitava de ajuda no campo pessoal, ele estava a postos para oferecer a opinião de que ela estava precisando.

Também fiquei sabendo um pouco mais sobre a formação de Fred. Ele começou a se envolver com música quando tinha oito anos e, ainda jovem, tornou-se baterista de uma banda. Conheceu Kathie durante uma apresentação.

Por causa desse interesse por música, um dos seus passatempos é consertar baterias e instrumentos de percussão e doá-los aos departamentos de música das escolas. Certa vez, o professor da banda de uma escola das redondezas ligou para ele contando que todas as crianças estavam desistindo de tocar bateria. Fred identificou a causa do problema: como os estudantes ali só dispunham dos modelos mais simples e ultrapassados desse instrumento, eles logo se entediavam e os abandonavam.

Foi isso o que motivou Fred a começar a reformar baterias. Ele era capaz de passar duas horas por noite três vezes por semana na escola, trabalhando com as crianças para montar conjuntos de baterias para elas. O que mais poderíamos esperar dessa pessoa?

Por que Fred é um Fred?

Agora que você sabe o que Fred faz e como atua, precisa descobrir também o porquê.

Em todos aqueles anos nunca cheguei a lhe fazer a pergunta mais importante: "Por que você faz esse trabalho?" Seu desempenho extraordinário como carteiro não o estava tornando rico nem famoso.

Tempos depois, perguntei-lhe sobre isso. Suas respostas foram concisas, mas ponderadas com todo o cuidado. Fred é uma dessas pessoas que têm idéias e propósitos transparentes a respeito da vida. Ele compreende a si mesmo e conhece aquilo que o motiva. A seguir, um resumo do que o estimula a ser um Fred:

1. **Faça o bem e se sentirá bem.** "Preciso me sentir bem comigo mesmo todos os dias, e a satisfação que obtenho ao cuidar das pessoas me ajuda nesse sentido", disse ele.

2. **Os melhores nunca se dão por satisfeitos.** Fred continuou a responder à minha pergunta: "Sou meu crítico mais exigente. Já me disseram que sou perfeccionista. Mas tenho uma enorme necessidade de realizar o máximo possível a cada dia. Zelo pelo interesse de pessoas que nem sempre sabem o que estou fazendo por elas. Mas, mesmo que ninguém mais saiba, eu sei. Assim, meu compromisso pessoal consiste em fazer o melhor que posso. E sabe de uma coisa? Agir assim não exige tanto tempo nem muito trabalho extra."

Fred é um exemplo de alguém que combina um esforço nobre com um bom coração. Se fosse meramente um perfeccionista, não exerceria o mesmo efeito sobre as pessoas. Mas ele dá tanta importância àqueles a quem presta seu serviço quanto à qualidade do trabalho que realiza. Isso faz toda a diferença do mundo.

3. Trate os clientes/consumidores/usuários e as demais pessoas como amigos. Ninguém pode negar que Fred presta um serviço de primeira classe. Ironicamente, ele consegue fazer isso justamente porque não pensa em termos de "atendimento ao cliente".

"Quero ir para casa no fim do dia com o sentimento de que tomei conta do meu pessoal", diz ele. "Não penso neles como usuários do serviço do Correio, mas como amigos que apreciam meus esforços para tornar sua vida um pouco mais simples."

Enquanto entrega as cartas, Fred se dá ao trabalho de retirar folhetos comerciais que vão se acumulando nas portas e também jornais espalhados pelas calçadas. Ele até coloca as caixas de coleta seletiva de lixo em locais mais discretos. Os lares dos "clientes" do Correio ficam assim mais limpos, e os assaltantes e vândalos contam com uma pista a menos para saber que não há ninguém em casa.

"Acho que dá para dizer que eu sozinho sou uma espécie de Programa de Vigilância do Bairro", brinca Fred.

4. A recompensa é o impacto que você exerce sobre os outros. Poderíamos pensar que Fred contava com – ou pelo menos esperava – o reconhecimento que obteve. Mas esse

não é seu jeito. Quando o assunto é este livro e toda a atenção que recebeu, ele diz: "Tomei um susto."

Fred nunca correu atrás de elogios nem de prêmios. Faz o que faz e continua em frente pela simples razão de acreditar que essa é a coisa certa. Você e eu não nos surpreendemos com o fato de que o excepcional serviço que ele presta atrai muita atenção, mas Fred se espanta com isso.

Para ele, as recompensas e o reconhecimento nada mais são do que a cereja em cima do bolo. O bolo em si é o próprio fato de saber que trabalha da melhor forma que pode e que é útil a alguém.

"Fazer alguém sorrir não é algo que exija muito tempo. E se, ao longo do caminho que percorro enquanto trabalho, consigo fazer alguém sorrir, essa é minha recompensa", diz Fred.

5. Viva de acordo com a Regra de Ouro. Fred percebe que a maneira como encara a vida não é a que predomina nos dias de hoje. "Na nossa cultura, vejo muita conversa sobre 'eu, eu, eu'. Minha opção foi fazer com que as pessoas tivessem um pouco menos com o que se preocupar. Para mim, isso é algo tão simples quanto viver de acordo com a Regra de Ouro – trato os outros como gostaria de ser tratado."

6. Não tenha medo de nada, a não ser de desperdiçar um momento. Perguntei a Fred que conselho final ele gostaria de dar aos leitores deste livro. Ele não hesitou: "Encare cada dia como um novo dia e faça com que seja melhor do que o anterior. Mesmo para meus dias de folga, traço algumas metas e sinto como se tivesse muita coisa a realizar. Se percebo que desperdicei um dia, não durmo tão bem à noite."

Esse é seu modo de agir. Fred não faz o que faz para aumentar sua fatia do mercado, ganhar prêmios nem acumular dinheiro. Ele pratica a arte de ser alguém fora do comum por causa do seu compromisso pessoal de aproveitar ao máximo cada um dos seus dias.

TREZE

O espírito Fred

No dia do Juízo Final, não vão nos perguntar o que nós lemos, e sim o que fizemos.
– THOMAS À KEMPIS

O que aprendi com meu carteiro sobre o trabalho e a vida é baseado numa pessoa fantástica. Pense neste livro como a história de Fred. .

É claro que o espírito que ele encarna tem estado presente em homens, mulheres e crianças ao longo dos tempos. Alguns obtiveram reconhecimento público e tiveram seus nomes registrados na história. Outros não são lembrados porque fizeram seu trabalho silenciosamente, em relativa obscuridade.

Quem são as pessoas das quais mais nos lembramos? Aquelas que viveram para servir. Ficamos mais impressionados e somos mais afetados não pelo que as pessoas ganham, e sim pelo que elas dão; não pelo que conquistam, mas pela contribuição que prestam. E reconhecemos em cada Fred o mesmo propósito ditado por um espírito de generosidade que tem permanecido entre nós desde o começo dos tempos.

Ter o coração de um Fred

Era o primeiro dia de aula no jardim-de-infância e eu estava entrando no prédio da escola com meu filho Hunter. À medida que nos aproximávamos, ele perguntou: "Pai, qual é a coisa mais importante de todas?" Fiquei impressionado pelo fato de meu filho, então com cinco anos, ter discernimento suficiente para pedir um conselho sobre como se comportar naquele ambiente. Pensei por um momento e comecei a responder com algumas idéias sobre obedecer aos professores, aprender o máximo que pudesse e agir direito com as outras crianças. Antes que eu terminasse, Hunter me interrompeu.

"Paaaaaai", ele me cortou com certa irritação. "A coisa mais importante de todas é o amor."

Sua resposta me pegou desprevenido. Eu não tinha entendido direito. Embora Hunter estivesse pedindo um conselho simples, ele estava às voltas com pensamentos profundos.

Se me perguntassem qual seria a coisa mais importante sobre o Estilo Fred, eu teria que dar a mesma resposta. *A coisa mais importante é o amor pelas pessoas.* Não um amor meloso ou artificial, mas uma generosidade de espírito que nos torna capazes de fazer algo pelas pessoas – por conhecidos e desconhecidos – porque, fundamentalmente, optamos por dar-lhes um pouco de nós.

Aprendi que uma das maneiras pelas quais essa generosidade de espírito se manifesta é a ação. Consigo amar uma pessoa sem necessariamente gostar dela. Posso ajudá-la ou agir de determinada forma em relação a ela porque sei que é a coisa certa a fazer, mesmo que não me sinta eufórico por isso.

Então, do ponto de vista prático, esta é minha definição de generosidade: é o compromisso de tratar uma pessoa com dignidade e gentileza a despeito do que sentimos por ela.

É muito mais fácil ser generoso com as pessoas simpáticas. Qualquer um pode fazer isso. Porém, adotar essa atitude com quem se comporta mal ou em circunstâncias negativas é um dos desafios mais difíceis que a vida nos apresenta.

Madre Teresa cuidava dos leprosos e pobres do mundo e nós a consideramos uma santa.

O nome de Marva Collins me vem à mente como o de uma mulher que realmente se importava com seus alunos. Há alguns anos, ela deu início em Chicago a um programa de preparação escolar, assumindo o compromisso de fazer tudo para que seus alunos não fracassassem. Tenho certeza de que alguns desses estudantes a deixaram frustrada ou irritada. Mas ela os ajudou mesmo assim.

Quanto mais nos importamos com os outros – fazendo coisas como tratá-los com dignidade, sendo úteis e tornando sua vida mais rica –, mais fácil será gostar deles. As pessoas que se sentem amadas são as mais fáceis de amar.

Até agora, abordei basicamente o *quê* e o *como* em relação ao Estilo Fred, mas, se não entendermos o *porquê*, logo perderemos o fôlego na corrida rumo ao nosso objetivo. É o *porquê* por trás desse estilo que nos dará confiança e que nos guiará nessa jornada.

Fred, o Carteiro importa-se sinceramente com as pessoas. Ele se preocupa muito com os usuários do seu serviço e com seus colegas de trabalho. E isso é algo evidente. Fred realiza as tarefas comuns de cada dia com amor e compaixão – desse modo, seu trabalho se torna extraordinário.

Este livro traça a breve história de um Fred em particular, aquele que entregou minhas cartas durante muitos anos e passou a ser meu amigo. Mas a história humana está cheia de Freds.

O que transforma qualquer ato em algo extraordinário é o fato de fazermos aquilo com o coração. O que transforma qualquer vida numa existência extraordinária é o fato de ser vivida com amor.

Esse é o segredo do Estilo Fred.

APÊNDICE

O boletim de avaliação Fred

Procure avaliar aquilo que você mais valoriza.

Gostaria de encontrar uma maneira de medir seus esforços para tornar-se um Fred? Eu criei o modelo de um boletim de avaliação que pode ser usado tanto para aferir seus esforços quanto para lembrá-lo dos pontos-chave para se transformar num Fred. Use-o como um instrumento para manter-se focado nesse processo.

Consciência

A ignorância é cega – e não é uma dádiva, como dizem algumas pessoas. A falta de consciência impede que nos concentremos inteiramente naquilo que é importante. Os valores que mantemos com maior destaque na mente são aqueles que temos mais chances de colocar em prática no dia-a-dia.

Em relação ao tema abordado neste livro, consciência corresponde a ter sempre em mente o exemplo de Fred como modelo para nosso próprio comportamento. Requer que estejamos completamente familiarizados com os quatro princípios apresentados no capítulo 2: Cada um de nós pode fazer a diferença; Os relacionamentos são a base do sucesso; Esteja sempre agregando valor para os outros – e para isso não é necessário gastar um centavo; Reinvente-se continuamente.

Lista de afazeres diários

Sua lista de afazeres diários é seu plano. Ela mostra sua determinação de fazer as coisas que você julga importantes. Às vezes você sabe de algo e não toma nenhuma atitude a respeito do assunto. Um recurso como esse serve para ajudá-lo a passar da consciência para a intenção.

Dê uma olhada na sua lista. Ela inclui tarefas que acabarão agregando valor ao seu trabalho? Essas atividades contribuem para construir relacionamentos melhores? Elas podem causar um impacto positivo no mundo?

Observe se a lista responde à seguinte pergunta: o que você está planejando fazer para se tornar um Fred?

Atitude

Veja um dilema interessante: você pode fazer todas as coisas certas, mas, se elas forem realizadas pelas razões erradas ou com uma atitude equivocada, seus esforços irão por água abaixo.

O que não dará certo: agir como um Fred porque você sente que deve fazer isso. *O que dará certo*: agir como um Fred porque esse é seu desejo. A atitude dá o tom a tudo o que você faz na vida.

A atitude positiva:

- Permite que você encare as tarefas que assume como uma oportunidade, e não como uma obrigação.
- Desperta sua atenção para o que há de melhor, e não de pior, em determinada circunstância.
- É um "posso fazer", e não um "tenho que fazer".
- Aposta na esperança, e não no pessimismo.

E, se você quiser ver os resultados, releia o capítulo 1: "O primeiro Fred".

Ação

A intenção sem ação não passa de um sonho. No final das contas, o que faz a diferença não é o que queremos ou planejamos fazer, mas aquilo que de fato realizamos.

Existe uma distância muito grande entre sua intenção de ser um Fred e os atos que você pratica nesse sentido todos os dias?

Realizações

Talvez você pense que a ação seja o último item do boletim, mas não é. A maneira final de julgar seu desempenho consiste em fazer uma avaliação das suas realizações.

Por que será que algumas pessoas fazem a mesma coisa ou coisas parecidas com o que outros indivíduos fazem, mas conseguem realizar bem mais do que eles? Muitas vezes, há diferenças sutis entre aquilo que executam e suas ações.

Avaliar seu desempenho é uma maneira de apurar seus esforços para obter o máximo impacto.

Você está conseguindo concretizar o que esperava? O tempo e a energia que está investindo para ser um Fred estão resultando em benefícios para as pessoas ou para você mesmo?

Se obtiver um conceito menor do que um A no quesito realização, retorne aos itens anteriores – consciência, lista de afazeres diários, atitude e ação – e procure identificar oportunidades para se aprimorar.

A boa notícia é que, algumas vezes, seus esforços farão uma diferença positiva tremenda para os outros, ainda que em alguns casos você jamais venha a saber disso. Portanto, não seja duro demais consigo mesmo. O fato de estar tentando e dando o melhor de si já está, sem sombra de dúvida, contribuindo positivamente para a vida de outras pessoas.

Boletim de avaliação de uma equipe Fred

- Todas as pessoas na sua equipe sabem que cada uma delas faz a diferença?
- Todas sabem como construir relacionamentos?
- Todas sabem como agregar valor ao que fazem?
- Todas compreendem que poderiam realizar muito mais reinventando a si mesmas e ao seu trabalho por meio da inovação e de um compromisso assumido com paixão?

Informações sobre os próximos lançamentos

Para receber informações sobre os lançamentos da EDITORA SEXTANTE, basta enviar um e-mail para atendimento@esextante.com.br ou cadastrar-se diretamente no site www.sextante.com.br

Para saber mais sobre nossos títulos e autores, e enviar seus comentários sobre este livro, visite o nosso site: www.sextante.com.br

EDITORA SEXTANTE
Rua Voluntários da Pátria, 45 / 1.407 – Botafogo
Rio de Janeiro – RJ – 22270-000 – Brasil
Telefone (21) 2286-9944 – Fax (21) 2286-9244
E-mail: atendimento@esextante.com.br